Erwin Schlögl

Identifikation einer möglichen strukturierten Vorgangsweise im Kundenbeziehungsprozess zur Erhöhung der Kundenloyalität

Identifikation einer möglichen strukturierten Vorgangsweise im Kundenbeziehungsprozess zur Erhöhung der Kundenloyalität

Bibliografische Information der Deutschen Nationalbibliothek:

Bibliografische Information der Deutschen Nationalbibliothek: Die Deutsche Bibliothek verzeichnet diese Publikation in der Deutschen Nationalbibliografie; detaillierte bibliografische Daten sind im Internet über http://dnb.d-nb.de/ abrufbar.

Copyright © 2016 Diplom.de
Druck und Bindung: Books on Demand GmbH, Norderstedt Germany
ISBN: 9783961168231

https://www.diplom.de

Erwin Schlögl

Identifikation einer möglichen strukturierten Vorgangsweise im Kundenbeziehungsprozess zur Erhöhung der Kundenloyalität

Kurzzusammenfassung:

Die Veränderung von einem Verkäufermarkt zu einem Käufermarkt bringt neue Herausforderungen mit sich. Der Wettbewerb wurde dadurch intensiver. Hinzu kommt, dass eine Differenzierung von der Konkurrenz schwieriger wird, weil Produkte immer ähnlicher werden. In dieser Situation bekommt der Kunde wieder mehr Aufmerksamkeit, weil Unternehmen sich intensiver mit der Kundenbeziehung auseinandersetzen müssen. Durch Kundenbindung erwarten sich Unternehmen nicht nur eine bessere Kostenbilanz im Vergleich zur Neukundenakquise. Die Loyalität des Kunden wird angestrebt, ist aber zunehmend schwieriger zu erreichen. Viele Unternehmen wagen sich nicht an das komplexe Themengebiet heran oder setzen unstrukturierte und oft erfolglose Einzelmaßnahmen. Das Ziel dieser Masterarbeit ist daher die Identifikation einer möglichen strukturierten Vorgangsweise im Kundenbeziehungsprozess zur Erhöhung der Kundenloyalität. Im theoretischen Teil wird auf Besonderheiten des Kundenbeziehungsprozesses eingegangen. Aufbauend auf dem Kundenbeziehungsprozess und der Kundenzufriedenheit wird die Entstehung von Kundenloyalität beschrieben die letztlich angestrebt wird. Die empirische Untersuchung basiert auf einer Online-Umfrage unter Unternehmensberatern. Als Stichprobe wurden Unternehmensberater aus dem Raum Wien und Niederösterreich ausgewählt. Die Befragung zeigt, dass ein großes Interesse besteht Maßnahmen zur Steigerung der Kundenloyalität einzusetzen. Die Vielzahl der Einflussfaktoren, die für einen Erfolg ausschlaggebend sind verunsichern Unternehmen. Grundkenntnisse der Situation am Markt und die Wahl der richtigen Werkzeuge kommt daher besondere Bedeutung zu.

Schlagworte (mind. 3, max. 6):

CRM, Kundenzufriedenheit, Kundenloyalität, Kundenbindung, Kundenwert

Abstract:

This paper explores the impacts of customer relationship marketing and the goal to identify a structured approach in the customer relationship process to increase customer loyalty. The introduction outlines considerable tougher competition because of comparable products on the market. This is the result of the transition from a seller´s market to a buyer´s market. The focus is therefore increasingly on the customer, the relationship with the customer and the customer loyalty rather than on customer acquisition, even though its more complex. This paper consequently focuses on measures to establish customer loyalty. Management consultants in urban centres who offer advice on customer loyalty, were asked to complete an online survey dealing with customer relationship marketing, customer loyalty and their experience with the implementation of measures. A process how to improve customer loyalty is derived from the theory and the empirical research. The findings indicate that management consultants recognise increased interest in a structured process to implement measures for a greater customer loyalty.

Keywords (at least 3, max. 6):

CRM, customer satisfaction, customer loyalty, customer relationship, customer value

Inhaltsverzeichnis

1. Einleitung

Kunden stellen nach Rothlauf das wichtigste Element im Wertschöpfungsprozess von Unternehmen dar. Kunden entscheiden letztendlich durch den Kauf über den Erfolg von Unternehmen. Aufgrund technologischen Entwicklung der letzten Jahrzehnte und der Globalisierung können Kunden Produkte, die sich immer ähnlicher werden von einer großen Menge an Anbietern beziehen. Angesichts dieser komfortablen Situation streben immer weniger Kunden eine langfristige Geschäftsbeziehung an (vgl. Rothlauf, 2014, S.40).

Im Streben nach wirtschaftlichem Erfolg, sind Unternehmen bereit neue Methoden anzuwenden, um sich vom Mitbewerb abzuheben. Total-Quality-Management (TQM), Lean Management oder Prozessmanagement sind nur Beispiele für Maßnahmen, die amerikanische wie europäische Unternehmen, anwenden um im Wettbewerb bestehen zu können. Es ist unbestritten, dass derartige Konzepte mithelfen, um die Performance insgesamt zu verbessern. Langfristig ist jedoch eine hohe Kundenzufriedenheit ein Erfolgsfaktor für erfolgreiche Unternehmen, die der Konkurrenz überlegen sind. Erst wenn Kunden sehr zufrieden sind, werden sie zu loyalen Kunden. Unternehmen können auf diese Weise mehr und vor allem qualitativ an Marktanteil gewinnen (vgl. Hinterhuber/Handlbauer/Matzler, 2003, S. 1f.)

Unternehmen, die sich dem Wettbewerb stellen, finden *verschärfte* Bedingungen am Markt vor. Moderate Wachstumsraten, gesättigte Märkte und der Wettbewerb sorgen dafür, dass ein Wachstum zusehends schwieriger wird. Diese Rahmenbedingungen sind auch der Grund dafür, dass die Neukundenakquise wesentlich höhere Kosten verursacht als die Stammkundenbetreuung (vgl. Hinterhuber/Handlbauer/Matzler, 2003, S. 4f.).

Die Entwicklung vom Verkäufermarkt zum Käufermarkt führte zu einschneidenden Veränderungen. Nach dem 2. Weltkrieg konnten Firmen ihre Ware nach Belieben ohne Bedarfserhebung vertreiben (vgl. Rothlauf, 2014, S.40). Da es nur wenige Anbieter gab, hatten Kunden keine große Auswahl. Unternehmen legten nicht viel Wert darauf Kunden zu behalten, weil es einfach war neue Kunden zu gewinnen. Kostenberechnungen, die ein Kundenverlust mit sich brachte, wurden nicht angestellt (vgl. Kotler/Keller/Bliemel, 2007, S. 59).

Der Aufschwung führte dann zu mehr Angebot, zur Stärkung der Konsumenten und zur Verhaltensänderung der Firmen, die sich ab jetzt um Stammkunden bemühen müssen (vgl. Rothlauf, 2014, S.40).

Diese Marktform wird auch als vollkommener Wettbewerb bezeichnet, womit ausgedrückt wird, dass es für ein Produkt viele Anbieter und Nachfrager gibt (vgl. Kotler/Keller/Bliemel, 2007, S. 1092).

Ein Produkt als Alleinstellungsmerkmal ist durch die rasante Marktentwicklung eher die Ausnahme. Durch aktive Betreuung sind Firmen um die Gunst der Kunden bemüht und versuchen Stammkunden längerfristig ans Unternehmen zu binden (vgl. Helmke/Uebel, 2013, S. 5).

Dieses Bemühen für eine loyale Beziehung mit dem Kunden zahlt sich aus, weil sich der Gewinn mit fortlaufender Dauer der Kundenbeziehung erhöht (vgl. Griffin, 1997, S. 11).

Permanente Marktveränderungen, begleitet vom technologischen Fortschritt wie zum Beispiel dem Web 2.0, führten anfangs zum achtlosen Umgang mit Kunden. Der Pflege von Stammkunden wurde nur untergeordnete Bedeutung beigemessen. Die unerschöpfliche Anzahl von potenziellen Kunden, die plötzlich erreichbar war, schien lukrativer zu sein. Inzwischen wird der kurzfristige Erfolg kritisch betrachtet und dem langfristigen Erfolg wird mehr Bedeutung beigemessen. Gemäß Schüller/Fuchs sind die Gründe für dieses Umdenken auf Zahlen Daten, Fakten zurückzuführen. Loyale Kunden sind dem Unternehmen längerfristig zugetan, sie empfehlen das Unternehmen weiter und sorgen damit sogar für Neugeschäft. Stammkunden sind grundsätzlich kosteneffizienter, weil für Neukundenakquirierung sogar das fünffache der Betreuungskosten von Stammkunden veranschlagt werden kann (vgl. Schüller/Fuchs, 2013, S. 11).

Vor nicht allzu langer Zeit wurde das Potenzial, welches von der Loyalität der Kunden ausgeht, noch in Frage gestellt. Demzufolge gaben nach Reichheld Experten 1996 an, dass Loyalität generell ein Auslaufmodell sei. Sie kamen zu dieser Erkenntnis, weil sie feststellten, dass U.S. Firmen die Hälfte der Kunden innerhalb von fünf Jahren verlieren. Auch die Loyalität der Mitarbeiter wäre laut diesen Experten nicht so bedeutungsvoll, weil U.S. Firmen auch die Hälfte ihrer Angestellten innerhalb von vier Jahren verlieren. Reichheld widerspricht den Experten und geht sogar davon aus, dass nachhaltiges Wachstum ohne loyale Kunden nicht möglich ist. Reichheld postuliert, dass mit Einbußen von 25 bis 50 Prozent zu rechnen sei, wenn loyale Kunden abwandern (vgl. Reichheld, 2001, S. 1).

Der Nutzen einer Kundenbeziehung besteht auf Anbieter, wie auf Kundensicht, wie in Abbildung1 gezeigt wird.

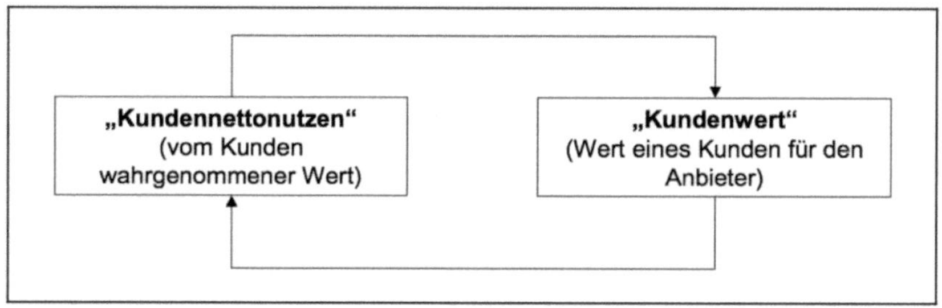

Abbildung 1: Der Kundenwert-Kreislauf
(Quelle: Cornelsen 2000, S. 294; zitiert nach: Günter/Helm, 2006, S. 51.)

Die Grundidee nach Cornelsen (Siehe Abbildung 1) geht davon aus, dass sich der Kundenwert sowohl aus Sicht des Kunden, wie auch aus Sicht des Anbieters beidseitig beeinflussen. Wenn der Kunde aus seiner Sicht zufrieden ist und einen hohen Wert erkennt, führt das zu mehr Käufen, Cross-Selling Aktivitäten und höherer Weiterempfehlung des Anbieters. Der Anbieter wird seinerseits dieses Potenzial nutzen und diese Kunden aktiv betreuen (vgl. Cornelsen 2000, S. 294; zitiert nach: Günter/Helm, 2006, S. 51).

Von Bedeutung ist die Abgrenzung des Begriffs Kundenloyalität zur Kundenzufriedenheit. In den 1980er Jahren war es das Ziel mit zufriedenen Kunden mehr Umsatz pro Kunde zu erreichen. Es stellte sich aber heraus, dass sogar zufriedene Kunden ohne zu zögern den Lieferanten wechseln, wenn zum Beispiel der Konkurrent billiger anbietet. Die Erkenntnis daraus war, dass Zufriedenheit allein kein Indikator dafür ist, dass Kunden häufiger beim selben Unternehmen kaufen. Ein verlässlicherer Wert ist hingegen die Loyalität (vgl. Griffin, 1997, S. 1ff).

Die Kundenbindung und ihre Bedeutung ist in der Forschung und in der Praxis seit langem ein Thema. Die Herausforderung war aber bisher nicht der Mangel an Forschungsinformation, sondern die konsequente, nachhaltige Umsetzung in der Praxis (vgl. Reinecke/Sipötz/Wiemann, 1998, S. 7).

Es gibt somit eine Vielzahl von Argumenten, die eine eingehende Auseinandersetzung mit dem Thema Kundenloyalität rechtfertigen. Ziel dieser Arbeit ist es, aus der Fülle an Informationen eine strukturierte Vorgangsweise zur Generierung von loyalen Kunden abzuleiten.

In dieser Arbeit wird aus Gründen der leichteren Lesbarkeit auf eine geschlechtsspezifische Differenzierung verzichtet. Mit der männlichen Form sind im Sinne der Gleichbehandlung grundsätzlich auch weibliche Personen gemeint.

1.1 Problemstellung und Zielsetzung

Der Wettbewerb, in dem sich Unternehmen befinden, fordert sehr viel Disziplin und Konzentration. Die Konzentration gilt ganz dem Kunden, da er wie bereits erwähnt, das letzte und wichtigste Glied in der Wertschöpfungskette darstellt.

Für die Untersuchung wurden Unternehmensberater als Zielgruppe für die Online Befragung ausgewählt, weil hier eine gute Kenntnis der Kundenbedürfnisse vorausgesetzt wird.

Die Grundvoraussetzung für eine Tätigkeit als Unternehmensberater ist die Erfüllung der Zugangsvoraussetzungen für dieses Gewerbe. Es wird vorausgesetzt, dass fundierte betriebswirtschaftliche und wirtschaftsrechtliche Kenntnisse vorhanden sind. Darüber hinaus verfügen Unternehmensberater über das entsprechende Berater-Know-How wie Analyse- und Diagnosefähigkeit sowie Prozesssteuerungsfähigkeiten. Alle diese Kompetenzen müssen nachgewiesen sein, bevor Unternehmensberater offiziell berechtigt sind, ihren Beruf auszuüben (vgl. WKO, 2016, https://www.wko.at/Content.Node/branchen/oe/sparte_iuc/Unternehmensberatung-und-Informationstechnologie/Unternehmensberatung/Unternehmensgruendung.html, Stand vom 12.03.2016).

Unternehmensberater kennen die Anforderungen ihrer Klienten. Sie können Einblicke in die praktische Umsetzung von Loyalitätsmaßnahmen geben. Auf Basis ihrer Erfahrungen kann zum einen ein interessanter Bogen zur Literatur gespannt werden und zum anderen Empfehlungen abgeleitet werden. Bei der Auswahl wurde in dieser Arbeit der Fokus auf Unternehmensberater aus den Ballungszentren (Wien und Niederösterreich) gerichtet. Nähere Erläuterungen zu der Zielgruppe der Untersuchung sind im Kapitel 4.1.1 Stichprobe zu entnehmen. Ziel der Untersuchung ist die Ermittlung einer Rangfolge von Kundenbeziehungsmaßnahmen, die zur Loyalitätssteigerung und zum Unternehmenserfolg führen können.

1.2 Forschungslücke und Forschungsfrage

Die Herausforderungen an Unternehmen sind über Branchen hinweg mehr oder weniger die selben. Wie bereits in der Einleitung unter Verweis auf Rothlauf aufgeführt, hat der Käufermarkt das Geschäftsleben zwischen Anbieter und Nachfrager wesentlich verändert und zwingt die Anbieter ihre Geschäftsstrategien zu überdenken. Es ist heute zu wenig, dem Kunden ein gutes Produkt zu bieten und auf den Erfolg zu hoffen. Kunden genießen die Möglichkeit ähnliche Produkte bei verschiedenen Anbietern erstehen zu können und wechseln diesen nach Belieben.

Die Wechselfreudigkeit bringt viele Unternehmen teilweise in schwierige Situationen weil durch den verschärften Wettbewerb die Margen immer geringer werden. Der Fokus wird also auf den Kunden, insbesondere auf den Stammkunden ausgerichtet. Kundenloyalität wird angestrebt, doch es scheint als gäbe es zu viele Möglichkeiten und keine Richtlinie, nach der vorzugehen wäre.

Es gibt zwei Möglichkeiten mit der Situation umzugehen. Entweder gelingt eine Differenzierung zu der Konkurrenz, Unternehmen wenden eine „Me too" Strategie an indem sie sich an erfolgreich Konkurrenzunternehmen orientieren (vgl. Fuchs/Unger, 2014, S.148). Der erhoffte Erfolg bleibt dann nicht selten aus und die entstandenen Kosten für Maßnahmen schmälern zusätzlich den Gewinn. Die Verunsicherung ist erkennbar und eröffnet Unternehmensberatern ein breites Betätigungsfeld. Gerne werden sie als Unterstützer für diese schwer berechenbare, neue Situation gebeten.

Es gilt herauszufinden, was die Kundenzufriedenheit ausmacht und wie es gelingt zufriedene Kunden in der nächsten Ebene der Beziehung zu loyalen Kunden zu machen.

Es stellt sich jedoch die Frage, ob es auch möglich ist, Maßnahmen, die in der Literatur genannt werden, in eine Rangfolge zu bringen, die es Firmen erleichtern einen strukturierten Prozess zum Generieren loyaler Kunden aufzusetzen. Für ein besseres Verständnis hilft es, hier gewisse Grundprozesse zu kennen die den Zugang zur Materie erleichtern. Die Erfahrung und das Urteilsvermögen von Unternehmensberatern ist bei dieser Untersuchung von entscheidender Bedeutung.

Hinterhuber/Handlbauer/Matzler (siehe Einleitung) haben festgestellt, dass zwar Maßnahmen genannt werden, die eine positive Entwicklung zu loyalen Kundenbeziehungen begünstigen, es finden sich aber keine Hinweise zu einer Rangfolge. Die Forschungslücke ist dadurch identifiziert.

Diese Arbeit soll im Rahmen der Möglichkeiten Erkenntnisse bringen, wie hoch die Bedeutung der Kundenloyalität in Unternehmen eingestuft wird, und ob es möglich ist eine grundsätzliche Priorisierungsliste der Maßnahmen zu Verbesserung der Kundenloyalität zu erstellen. Eine empirische Untersuchung über unterschiedlichen Branchen soll dazu Erkenntnisse liefern.

<u>Die zentrale Forschungsfrage lautet:</u>

Welche intern und extern moderierenden Faktoren beeinflussen die Kundenloyalität positiv und welche Maßnahmen zur Kundenbeziehung haben den größten Einfluss auf Kundenloyalität aus Sicht von Unternehmensberatern in Wien und Niederösterreich?

Folgende Fragen lassen sich hier an die Theorie wie Empirie stellen:

- Inwieweit ist ein CRM Tool eine Möglichkeit zur Verbesserung der Kundenloyalität?
- Welchen Einfluss hat die Mitarbeiterloyalität auf die Kundenloyalität?
- Welcher Unterschied kann zwischen zufriedenen und loyalen Kunden festgestellt werden?
- Wie werden zufriedene Kunden zu loyalen Kunden?
- Welche Maßnahmen können eingesetzt werden, um loyale Kunden zu generieren?
- Wie kann die Loyalität gemessen werden?
- In wieweit rechnet sich der Mehraufwand für die Generierung loyaler Kunden?
- Inwiefern gibt es einen Zusammenhang zwischen einem ökonomischen Erfolg und Maßnahmen, die zu Kundenloyalität führen?
- Welche Bedenken gibt es bei einer Kundenkündigung durch die Anbieterseite?

1.3 Aufbau und Methodik

Die vorliegende Masterarbeit gibt einen Einblick in einen Teil der Kundenbeziehung und konzentriert sich schließlich auf das Potenzial einer loyalen Kundenbeziehung auf den Unternehmenserfolg.

Im ersten Kapitel wurden bereits die Problemstellung und die Zielsetzung der Arbeit beschrieben. Für das weitere Verständnis werden im zweiten Kapitel Begrifflichkeiten abgegrenzt, Zusammenhänge sowie Abhängigkeiten aufgezeigt und Voraussetzungen für die Kundenloyalität erhoben. Auf diese Weise ist eine Annäherung an das Thema Kundenloyalität gegeben, die im Kapitel 3 beschrieben wird. Darüber hinaus soll somit eine Abgrenzung zwischen Kundenzufriedenheit und Kundenloyalität erreicht werden. Die theoretische Abhandlung endet damit und es beginnt die empirische Untersuchung zum Thema Kundenloyalität. Die Methodik für den Theorieteil ist somit eine

Sekundäranalyse auf Basis einer Literarturrecherche in Büchern, Fachzeitschriften, Magazinen und Internetquellen. Die gesammelten empirischen Daten aus dem Online Fragebogen werden ausgewertet und die von der Literatur abgeleiteten Hypothesen überprüft. Aus den Erkenntnissen der Ergebnisse wird entsprechend der Forschungsfrage eine strukturierte Vorgangsweise im Kundenbindungsprozess zur Erhöhung der Kundenloyalität hervorgehen. Danach werden die Ergebnisse zusammengefasst und bestehende Limitationen aufgezeigt, sowie mögliche ergänzende Forschungsthemen in Aussicht gestellt. Abschließend werden die Schlussfolgerungen der Untersuchung in der Conclusio zusammengefasst.

2. Besonderheiten des Kundenbeziehungsprozess

Im Verkauf gab es in den vergangenen Jahren eine Entwicklung vom Transaktionsmarketing hin zum Beziehungsmarketing. Dahinter verbirgt sich die verstärkte Ausrichtung der Geschäftsaktivitäten auf den Kunden. Die Wünsche und Bedürfnisse des Kunden sollen erfüllt werden, damit es gelingt eine langfristige Beziehung herzustellen, die in der Folge auch gepflegt wird. Dieses Beziehungsmarketing stellt einen Paradigmenwechsel dar, da der Fokus auf die Beziehung zum Kunden und nicht primär auf das Produkt bzw. die Dienstleistung selbst gelegt gelegt wird. (vgl. Bruhn, 2007, S. 6f.).

Unsichere Entwicklungen verschiedener Branchen auf den Märkten, sowie diverse Krisen verstärken die Bemühungen der Unternehmen in Kundenbeziehungen zu investieren. Ein Beziehungsprozess beinhaltet im Wesentlichen den Aufbau einer Beziehung, die dann intensiviert werden soll und eventuell nach Problemen wieder hergestellt werden soll (vgl. Bruhn, 2015, S. 2).

Kundenbeziehungsmanagement befasst sich somit nicht so sehr mit Transaktionen mit dem Kunden, sondern vielmehr mit der Steuerung der Kundenbeziehungen. Im Beziehungsprozess werden Geschäftsbeziehungen analysiert, geplant, durchgeführt und kontrolliert (vgl. Bruhn, 2015, S. 12).

Für ein besseres Verständnis im Umgang mit Kundenbeziehung werden die am Markt häufig genannten Begrifflichkeiten in den Folgekapiteln dargestellt.

2.1 Definition von Kundenbeziehung

Leußer, Hippner und Wilde haben festgestellt, dass manche Begriffe mit Bezug zur Kundenbeziehung nicht nur sehr ähnlich klingen, sondern in der Praxis oft synonym verwendet werden obwohl es per Definition Unterschiede gibt (vgl. Leußer/Hippner/Wilde, 2011, S. 19).

Einen Vergleich der Begriffe bilden Leußer, Hippner, Wilde, welcher in Abbildung 2 skizziert wird.

Kundenbindungs.mngt	aktuelle Kunden				
Customer Relationship Management	aktuelle Kunden	Potenzielle Kunden	verlorene Kunden		
Beziehungsmarketing	aktuelle Kunden	Potenzielle Kunden	verlorene Kunden	Sonstige vertikale Kunden	
Beziehungsmanagement	aktuelle Kunden	Potenzielle Kunden	verlorene Kunden	Sonstige vertikale Kunden	Sonstige interne Beziehungen	Sonstige externe Beziehungen

Abbildung 2: Abgrenzung des Customer Relationship Managements von verwandten Begriffen
(Eigene Darstellung. Daten übernommen aus: Leußer/Hippner/Wilde, 2011, S. 20.)

Kundenbindungsmanagement (Customer Retention Management) richtet den Fokus auf die aktuellen Kunden. Neukundengewinnung, aber auch Kundenrückgewinnung werden hier nicht näher betrachtet.. Das Kundenbeziehungsmanagement (Customer Relationship Management) entstand aus dem Beziehungsmarketing heraus, stellt aber nur eine Teilmenge des Beziehungsmarketings, nämlich nur die Kundenbeziehungen. Der Begriff des Beziehungsmarketing (Relationship Marketing) entstand in den 80er Jahren. Obwohl die Konzentration hier vornehmlich auf Kunden liegt, werden zusätzlich auch Lieferanten näher betrachtet. Das Beziehungsmanagement (Relationship Management) ist umfassender. Es handelt sich hier um ein Konzept, in dem horizontale, vertikale aber auch laterale Beziehungen beinhaltet sind (vgl. Leußer/Hippner/Wilde, 2011, S. 19).

Nach der Darstellung der Begrifflichkeiten beim Managen von Kundenbeziehungen ist eine eingehende Auseinandersetzung mit dem Kundenbeziehungs-Lebenszyklus sinnvoll.

2.2 Kundenbeziehungs-Lebenszyklus

Nach dem Wandel vom Verkäufermarkt zum Käufermarkt ist die traditionelle Denkweise, die sich an dem Produktlebenszyklus orientiert, überholt, weil die Produkt-Lebenszyklen immer kürzer werden. Das Management konzentriert sich daher nicht darauf Produkte lange am Leben zu halten, sondern Geschäftsbeziehungen mit Kunden zu erhalten, die mit zunehmender Dauer profitabler werden, und somit möglichst lange andauern sollen. In der Betrachtungsweise ist somit nicht der Produktlebenszyklus, sondern vielmehr der Kundenbeziehungs-Lebenszyklus relevant (vgl. Leußer/Hippner/Wilde, 2011, S. 19).

Der Kundenbeziehungs-Lebenszyklus ist eine Umlegung vom Konzept des Lebenszyklus auf die Kundenbeziehung. Für die Darstellung der Werte in der Zeitleiste des Kundenbeziehungs-Lebenszyklus wird üblicherweise der Umsatz verwendet.

Wertvoller ist eine Verwendung des Kundenwerts als Maßgröße, weil hier neben dem Umsatz auch noch zusätzliche Effekte wie zum Beispiel das Referenz- oder das Synergiepotenzial berücksichtigt werden (vgl. Stauss, 2000, S.15).

Nach Bruhn können die verschiedenen Phasen des Kundenbeziehungszyklus in drei Hauptgruppen unterteilt werden, siehe dazu Abbildung drei.

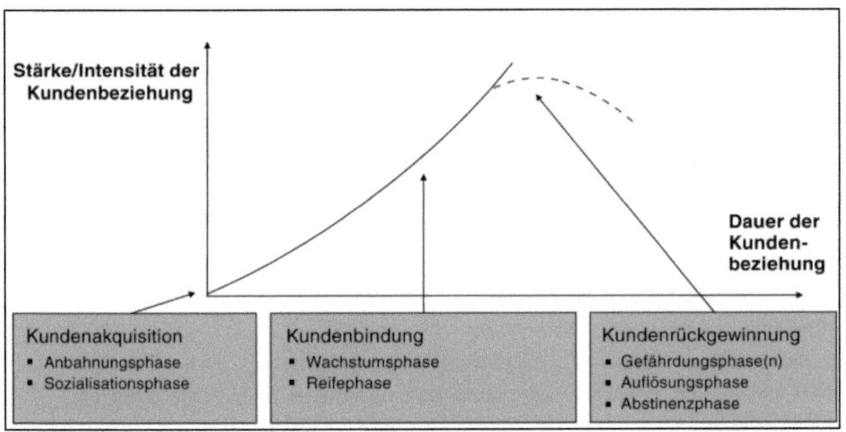

Abbildung 3: Phasen des Kundenbeziehungszyklus
(Quelle: Bruhn, 2012, S. 10.)

Die Ableitung vom Produktlebenszyklus ist außerdem noch differenziert zu sehen, weil die Phasen im Vergleich zum Kundenbeziehungs-Lebenszyklus speziell am Ende zu global definiert sind. Aus diesem Grund sind die Phasen im Kundenbeziehungs-Lebenszyklus unterteilt in: Anbahnungsphase, Sozialisierungsphase, Wachstumsphase, Reifephase, Gefährdungsphase(n), Kündigungsphase, Abstinenzphase und Revitalisierungsphase (vgl. Stauss, 2000, S. 15; Grönroos, 1997, S. 326).

In der Anbahnungsphase erkundigt sich der Kunde, ohne dass er eine Transaktion tätigt. Eine Transaktion findet erst in der nächsten Phase statt, wenn der Kunde erstmals einen Kauf tätigt. Diese Phase wird als die Sozialisationsphase bezeichnet. Diese beiden Phasen werden der Kundenakquisition zugeordnet. Kunden, die nach einem getätigten Kauf noch einmal nachfragen, das gleiche Produkt nochmal kaufen oder auch ein anderes Produkt beim selben Lieferanten kaufen, sind der Wachstumsphase zugeordnet. In der Reifephase gib es kein Wachstum mehr, sondern eher Rückgänge. Sofern der Kunde bei rückläufigen Umsätzen zur Vorperiode noch nicht kündigt, ist diese Phase auch eine Gefährdungsphase. Der Kunde könnte hier die

Geschäftsbeziehung unterbrechen. Solche Gefährdungsphasen können über die Kundenbeziehungsdauer hinweg immer wieder auftreten. Die Herausforderung für Unternehmen besteht in solchen Gefährdungsphasen darin, aktive Maßnahmen zu treffen, um den Kunden umzustimmen. Sowohl Wachstums-, als auch Reifephase stellen Phasen in der Kundenbindungsgruppe dar. In der letzten Gruppe finden sich die Kündigungsphase, die Abstinenzphase und die Revitalisierungsphase. In der Kündigungsphase haben Kunden dem Unternehmen die Geschäftsbeziehung offiziell gekündigt. Der Kunde kann aber in dieser Phase eventuell noch umgestimmt werden. Für Kunden, die nicht mehr umgestimmt werden können, endet die Geschäftsbeziehung hier tatsächlich. Bei manchen Kunden gibt es nach einer gewissen Abstinenzzeit die Möglichkeit, wieder Anbahnungsgespräche zu führen (Abstinenzphase). In der Revitalisierungsphase befinden sich ehemalige Kunden, die wieder bereit sind in eine neue Geschäftsbeziehung einzutreten und so einen weiteren Kundenbeziehungs-Lebenszyklus beginnen (vgl. Stauss, 2000, S.15).

Die dargestellten Phasen verlaufen nicht in allen Branchen und allen Geschäftsfällen gleich. Kunden müssen darüber hinaus nicht alle Phasen durchlaufen. Einzelne Phasen können auch übersprungen werden. Wenn Kunden zum Beispiel nur Interesse an einem Einmalgeschäft haben, entfallen die Wachstums- und Reifephase. Auch die Dauer einzelner Phasen kann je nach Geschäftsfall und Komplexität variieren. Der Kundenbeziehungszyklus kann aus Sicht der Anbieter und aus Sicht der Nachfrager angewandt werden. Diese doppelte Betrachtungsmöglichkeit ist ein Grundprinzip, welches Unternehmen bei den Analyse-, Plan-, und Kontrollprozessen berücksichtigen sollen (vgl. Bruhn, 2015, S. 71).

Nachdem der Kundenbeziehungs-Lebenszyklus beschrieben ist, soll der Prozess der Kundenbeziehung mit seinen Input-, Output- und moderierenden Faktoren beschrieben werden, an dessen Ende ein ökonomischer Erfolg geplant ist.

2.3 Erfolgskette in der Kundenbeziehung

Die Kundenbeziehung soll von Anbieter- und Nachfrageseite gleichermaßen betrachtet werden. Strukturiert kann das in Form von Erfolgsketten erfolgen. Die Erfolgsketten bilden eine Grundlage für die Planung, Steuerung und Kontrolle des Relationship Marketing. Die Grundstruktur der Erfolgskette wird in vier Aspekte unterteilt (vgl. Bruhn, 2015, S. 71f.):

1) Unternehmensaktivitäten
2) Psychologische Wirkungen bei Kunden
3) Verhaltenswirkungen beim Kunden
4) Ökonomischer Erfolg als Output des Unternehmens

Da die Grundidee der Erfolgskette (siehe Abbildung vier) die inhaltliche Abhängigkeit von den vorhandenen Variablen ist, sollen die Abhängigkeit von Kundenfaktoren zu Unternehmensfaktoren beachtet werden. Welcher Input vom Unternehmen führt zu welcher Wirkung und zu welchem Handeln beim Kunden. Und welches Verhalten des Kunden führt zu welchem Erfolg (Output) (vgl. Bruhn, 2015, S. 71f.).

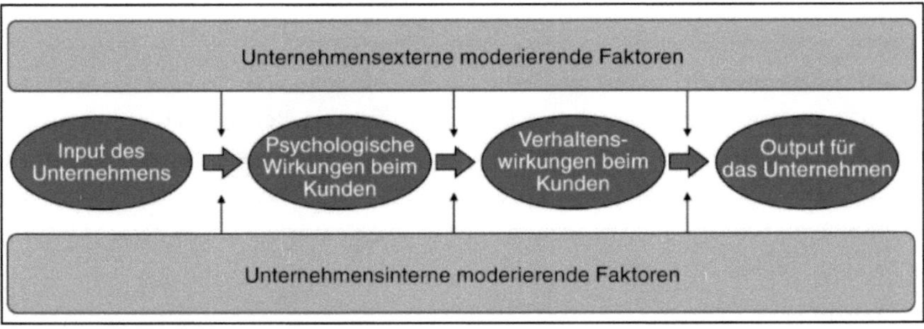

Abbildung 4: Erfolgskette
(Quelle: Bruhn, 2015, S. 71f.)

Die Zusammenhänge sind von verschiedenen Faktoren wie zum Beispiel der Branche oder dem Kunden abhängig und daher nicht immer eindeutig. Unternehmensinterne und unternehmensexterne moderierende Faktoren sind ausschlaggebend dafür, dass die Einflüsse auf die Kettenglieder wie auch deren Zusammenhänge nicht immer gleich sind (vgl. Bruhn, 2015, S. 71).

In Abbildung fünf soll ein Beispiel die Funktionsweise einer Erfolgskette verdeutlichen:

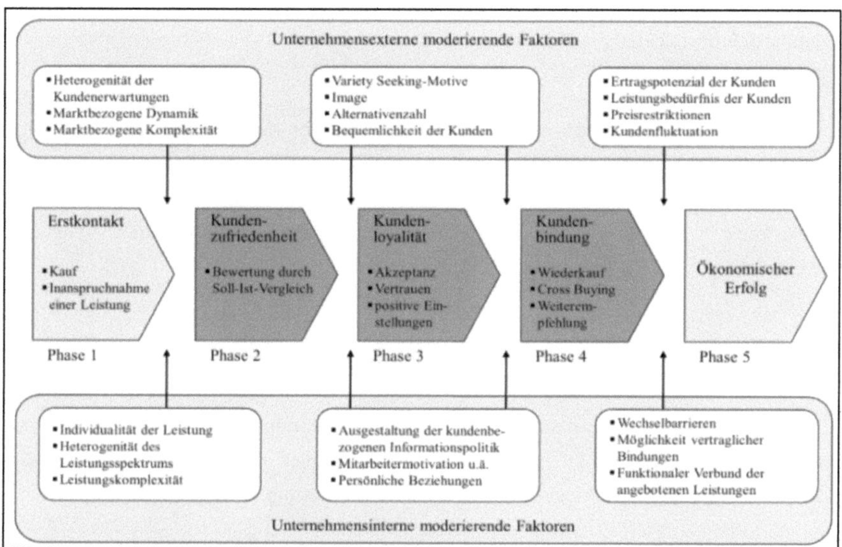

Abbildung 5: Wirkungskette der Kundenbindung
(Quelle: Homburg/Bruhn, 2010, S. 10.)

Die Psychologische Wirkung beim Kunden (2) ist die Kundenzufriedenheit. Die Verhaltenswirkung beim Kunden (3) ist die Kundenbindung. Ein unternehmensexterner moderierender Faktor zwischen Relationship Marketing und Kundenzufriedenheit ist zum Beispiel die Heterogenität der Kundenerwartungen. Auf diese Weise wird hervorgehoben, dass es schwieriger wird mit Marketingmaßnahmen (Input) hohe Kundenzufriedenheit zu erreichen, wenn heterogene Kundenerwartungen vorgefunden werden. Ein weiteres Beispiel für externe moderierende Faktoren ist das Variety Seeking Verhalten von Kunden. Abwechslung suchende Kunden werden trotz Zufriedenheit keine Bindung mit dem Anbieter eingehen. Der Erfolg durch Cross Selling oder Up Selling bleibt aus, wenn das Leistungsbedürfnis (moderierender Faktor) bereits übererfüllt ist. Die Wirkungskette identifiziert grundsätzlich fünf Phasen. In Phase eins findet der Erstkontakt zwischen Kunden und Anbieter statt. Hier wird auch schon das erste Produkt oder die erste Dienstleistung gekauft. In Phase zwei prüft der Kunde, ob seine Erwartungen erfüllt oder sogar übertroffen wurden. Bei einem positiven Ergebnis wird die Phase drei erreicht und es kann zur Kundenloyalität kommen. Wenn diese Phase erreicht wird, ist der Kunde dem Anbieter positiv gesinnt und erwägt beim nächsten Kauf wieder denselben Anbieter zu konsultieren. Die Wechselbereitschaft des Kunden ist hier nicht mehr sehr hoch, auch weil der Kunde Vertrauen zum Anbieter aufbaut. Sobald der Kunde tatsächlich einen Wiederkauf tätigt oder den Anbieter weiter empfiehlt hat er die Phase vier erreicht. Durch weitere Käufe kommt es zur letzten Phase der Wirkungskette: dem ökonomischen Erfolg (vgl. Homburg/Bruhn, 2010, S. 9f.).

Damit die richtigen Maßnahmen für die Steuerung der Kundenbeziehung eingeleitet werden können, ist es erforderlich die Auswirkungen beim Kunden zu analysieren. Anhand der Erfolgskette ist somit ein Gesamtüberblick gegeben, der nicht nur die Erfolgskette, sondern auch die entsprechenden moderierenden Faktoren berücksichtigt.

Jede Kundenbeziehung stellt für das Unternehmen einen Wert dar. Unternehmen können durch eine effektive Steuerung ihres Kundenportfolios, das auf den jeweiligen Kundenwerten basiert eine Maximierung des Unternehmensgewinnes erwirken. Schon aus Ressourcengründen ist eine Gleichbehandlung aller Kunden nicht möglich. Der Kundenwert als Kenngröße ist daher von großer Bedeutung.

2.4   Kundenwert als Beziehungsbewertung

Helm, Hadwich, Bruhn Georgi liefern mehrere Definitionen für den Kundenwert (vgl. Bruhn/Hadwich/Georgi, 2010, S. 706). Grundsätzlich kann der Kundenwert aus Kundensicht oder aus Anbietersicht analysiert werden. In dieser Arbeit wird die Anbieterperspektive betrachtet, weil die aus Unternehmersicht die Kundenbeziehung für die Verbesserung des Unternehmenserfolges Möglichkeiten bietet.

Kunden sind in vielen Firmen ein wesentlicher Bestandteil des Vermögens. Viele Unternehmen verfügen über eine Vielzahl an Informationen über ihre Kunden und können infolgedessen oft auch feststellen, wie sich das Kaufverhalten der Kunden darstellt. Mit relativ wenigen Informationen können dann bereits Aussagen über die Anzahl der Kunden, deren Cash-Flow und auch die Kundenbindungsrate getroffen werden. In der Folge können anhand von diversen Berechnungen auch der Unternehmenswert auf Kundenbasis errechnet werden (vgl. Wiesel/Skiera, 2007, S. 707ff.).

Bei der Bestimmung des Kundenwertes gibt es eine Wert- und eine Zeitdimension: alles, was Kunden an Nutzen bringen, wird in der Wertdimension eingeordnet und weiters noch in eine Vergangenheits- und eine Zukunftskomponente untergliedert. In der Vergangenheit werden hier einerseits die einmaligen Akquisitionskosten und andererseits die bisherige Profitabilität, die sich aus aufgelaufenen Erlösen und Kosten ermittelt, berücksichtigt. Unter Erlösen sind hier direkte aber auch indirekte Erlöse einzubeziehen. Während direkte Erlöse aus dem Verkaufserlös des betreffenden Kunden erwachsen, sind in den indirekten Erlösen zum Beispiel auch Kundenerlöse von Weiterempfehlungen inkludiert (vgl. Bruhn/Hadwich/Georgi, 2010, S. 706f.).

Die zukunftsorientiere Komponente innerhalb der Wertdimension unterscheidet direktes und indirektes Kundenpotenzial. Direktes Kundenpotenzial bezeichnet vorhandene Beziehungen, die weitergeführt und durch UP Selling oder Cross Selling intensiviert werden. Das indirekte Kundenpotenzial beinhaltet Chancen und Möglichkeiten aus dem Umfeld des Kunden und zielt auf das Referenz- und Innovationspotenzial ab. Die Zeitdimension gibt einen Einblick in die Dauer einer Kundenbeziehung. Betrachtet wird hier die bisherige Dauer der Beziehung, die Restlebensdauer und die Gesamtlebensdauer der Kundenbeziehung. Die folgende Grafik (Abbildung 6) stellt diese grobe Untergliederung übersichtlich dar: (vgl. Bruhn/Hadwich/Georgi, 2010, S. 706ff.).

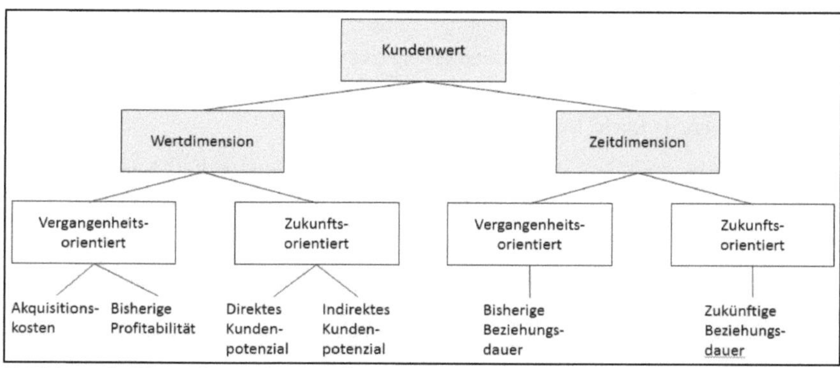

Abbildung 6: Dimensionen des Kundewerts
(Quelle: Bruhn/Hadwich/Georgi, 2010, S. 706.)

Eine Weiterführung dieser Übersicht ist die Unterteilung der Kundenwertansätze in drei Dimensionen. Die Dimensionen werden unterschieden in der Art des Lösungsalgorithmus, der Art der Kundenwertkomponenten, und schließlich hinsichtlich des Zeithorizonts wie in der Abbildung 6 dargestellt (vgl. Bruhn/Hadwich/Georgi, 2010, S. 708).

Die erste Dimension erklärt heuristische und quasi-analytische Verfahren. Heuristische Verfahren geben Auskunft über eine richtige Lösung und über ein zielführendes Suchverhalten. Diese Verfahren liefern keine Empfehlungen für optimale Entscheidungen. Diese Verfahren werden in der Praxis häufig angewandt, weil sie mit einfachen Datenbanken und somit kostensparend durchgeführt werden können. Quasianalytische Verfahren werden durch mathematische Verfahren berechnet und bieten einen quantitativen Vergleich von Kunden. Dadurch liefern sie präzisere Entscheidungen. Die Datenbeschaffung und Auswertung ist bei diesen Verfahren aufwändiger (Vgl. Bruhn/Hadwich/ Georgi S 709).

Die nächste Dimension beschreibt die Kundenwertkomponenten und unterteilt sie in monetäre und nicht-monetäre Verfahren. Während monetäre Verfahren direkt aus dem Rechnungswesen verwendet werden, werden die Kunden bei nicht monetären Methoden nur qualitativ bewertet (vgl. Bruhn/Hadwich/Georgi, 2010, S. 709).

Die dritte Dimension liefert Rückschlüsse aus dem relevanten Zeithorizont. Statische Verfahren beschreiben Zeitpunkte und sind für kurzfristige Betrachtungen geeignet. Für längerfristige, auch zukünftige Betrachtungen, eignen sich dynamische Verfahren, wo ein Zeitraum betrachtet wird. Dynamische Betrachtungen sind sind daher qualitativ hochwertiger eingestuft, weil zukünftige Entwicklungen eingebunden werden. Die Ermittlung der zukünftigen Entwicklung erhöht auch die Komplexität der dynamischen Verfahren, birgt aber auch ein Risiko betreffend der Treffsicherheit der Prognose in sich (Vgl. Bruhn/Hadwich/ Georgi S 709).

Die Maßnahmen für die Ermittlung des Kundenwertes sind vielfältig. Für diese Arbeit sind die Methoden interessant, die für die Steuerung der Kundenzufriedenheit und den Erfolg von Relevanz sind, die Methoden sind in Kapitel 3.4 Kundenbewertungsmethoden beschrieben. Die Unternehmensberater wurden diesbezüglich befragt und die Ergebnisse und die Erkenntnisse im Kapitel 5.1.1 dargestellt.

Die Ermittlung des Kundenwertes liefert einen Indikator, für welche Kunden Loyalitätsprogramme zweckmäßig sind. Kunden mit einem hohen Kundenwert sollen durch Maßnahmen zur Steigerung der Kundenloyalität verstärkt ans Unternehmen gebunden werden. Die Steigerung der Kundenloyalität ist ein längerfristiges Konzept, und keine kurzfristige Maßnahme. Unterscheidungsmerkmale, Auswirkungen und Maßnahmen, die dann zu mehr Kundenloyalität führen sollen identifiziert werden.

3. Kundenloyalität als Strategie

Die Forschung startete Untersuchungen zum Thema Loyalität mit der Analyse des Verhaltens zu Marken. Als Folge dieser Forschungstätigkeiten wurden in diesem Forschungsumfeld auch die Kundenloyalität näher betrachtet. Ungeachtet einschneidender Veränderungen sowohl auf der Anbieter-, wie auch der Kundenseite ist das Interesse an diesem Thema sogar noch gestiegen. Vor allem der Wechsel vom Transaktionsmarketing hin zum Beziehungsmarketing und Konzept wie des Customer Lifetime Value sorgten für einen neuen Zugang und eine längerfristige Betrachtung der Beziehung zum Kunden (vgl. Foscht, 2002, S. 1f.).

Begriffe sollen abgegrenzt werden. Kundenbindung wird nach Foscht in der deutschsprachigen Literatur manchmal synonym verwendet. Die Kundenbindung kann aus Unternehmens- und aus Kundensicht betrachtet werden. Die Loyalität grenzt sich hier ab, da sie nur aus der Sicht vom Kunden zu beobachten ist (vgl. Foscht, 2002, S. 48ff.).

Kundenloyalität ist keine taktische, sondern eine strategische Initiative. Im Zuge dieser Initiative soll ein Wert geschaffen, und nicht nur auf den Profit geachtet werden. Eine längerfristige Betrachtungsweise ist hier von Bedeutung. Durch konkrete Beobachtungen am Kundenverhalten wird die Kundenzufriedenheit beurteilt. Reduziert sich das Kaufverhalten des Kunden könnte das auf Unzufriedenheit zurückzuführen sein. Effektive und rasche Handlungen von Unternehmen können durch die Achtsamkeit einem Abwandern entgegenwirken (vgl. Reichheld, 2001, S. 302).

Um der Unzufriedenheit entgegen wirken zu können, sollen die Parameter für Kundenzufriedenheit näher betrachtet werden.

3.1 Kundenzufriedenheit als Kenngröße

Kundenzufriedenheit wurde aus betriebswirtschaftlicher Sicht anfangs in der Organisationspsychologie näher betrachtet. Die Arbeitszufriedenheit war der Auslöser für weiterführende Forschungen. Zufriedene Mitarbeiter zeigen eine höhere Leistungsbereitschaft und tragen so zu einem besseren Betriebsergebnis bei. Kundenzufriedenheitsmessungen wurden Anfang der siebziger Jahre vereinzelt empfohlen. Kundenzufriedenheit und das Beschwerdeverhalten ist seit Mitte der siebziger Jahre Gegenstand von Kongressen, wo der Zusammenhang analysiert wird. Aus diesem Grund wird das Beschwerdemanagement als Faktor der Kundenzufriedenheit im nächsten Kapitel separat behandelt (vgl. Scharnbacher/Kiefer, 2003, S. 6f.).

Der Stellenwert der Kundenzufriedenheit ist damit begründet, dass sie zu Wiederkäufen führt, dass zufriedene Kunden nicht leichtfertig zur Konkurrenz wechseln und weil Marketingmaßnahmen im Unternehmen anhand der Kundenzufriedenheit bewerten werden können (vgl. Scharnbacher/Kiefer, 2003, S. 15).

Durch die Kundennähe ist es möglich, schneller auf die Anforderungen des Kunden zu reagieren und somit die Wünsche besser zu erfüllen. Dieses Verhalten und effektive Agieren hilft die Kundenzufriedenheit zu erhöhen. Die Kundenzufriedenheit entsteht durch ein Abgleichen der Erwartungen mit den Erfahrungen, die der Kunde letztendlich macht. Werden die Erwartungen erfüllt oder übertroffen, so führt das zu Kundenzufriedenheit. Die Messung der Kundenzufriedenheit kann auf vielfältige Weise erfolgen. Umsatz oder Marktanteil sind zwar objektive Messmöglichkeiten, aber diese haben den Nachteil der zeitlichen Verzögerung (vgl. Krafft/Götz, 2011, S. 223).

Explizite Ansätze wie zum Beispiel Messung anhand von Zufriedenheitsskalen oder implizite Varianten wie das Untersuchen des Beschwerdeverhaltens der Kunden, runden die Möglichkeiten ab, jedoch konnte sich keine der angeführten Methoden wissenschaftlich tatsächlich durchsetzen (vgl. Krafft/Götz, 2011, S. 223). Es gibt verschiedene Modelle im Bereich der Kundenzufriedenheitsforschung nach Schneider/Kornmeier wie zum Beispiel das Confirmation/Disconfirmation-Paradigma, das Modell von Bruggemann oder die GAP-Analyse (vgl. Schneider/Kornmeier, 2006, S.19).

Nachfolgend wird das Kano Modell in Abbildung 7 dargestellt, weil hier die Steuerung der Zufriedenheit veranschaulicht wird.

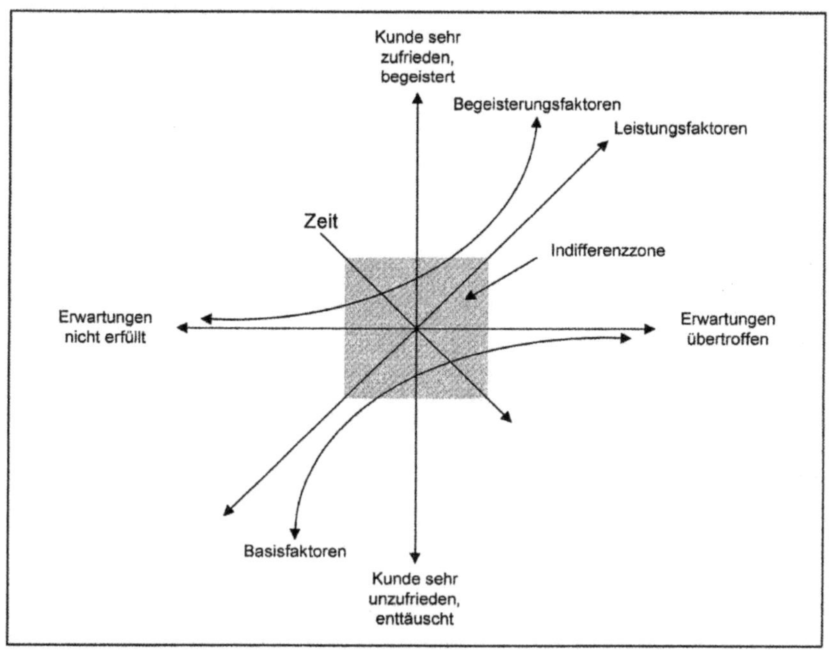

Abbildung 7: Kano-Modell der Kundenzufriedenheit
(Quelle: Kano, 1984, S. 39ff.; zitiert nach: Hinterhuber/Matzler, 2006, S. 20.)

In diesem Modell wird der Verlauf der Zufriedenheitskurve durch den Einsatz von Basis-, Leistungs- und Begeisterungsanforderungen bei zunehmenden Erfüllungsgrad dargestellt. Auf der Abszisse wird der Grad der Erfüllung der Anforderung abgebildet. Besondere Bedeutung hat die Ordinate, weil hier abzuleiten ist, welche Maßnahmen zu mehr Kundenzufriedenheit führen. Demzufolge sind die Basisanforderung Musskriterien, die nicht dazu geeignet sind die Zufriedenheit des Kunden zu erfüllen. Der Kunde setzt diese Faktoren als Leistung bei allen Lieferanten voraus. Werden Leistungs- und Begeisterungsfaktoren eingesetzt, führt das mit zunehmenden Erfüllungsgrad zur hohen Kundenzufriedenheit. Der Unterschied von Leistungsfaktoren zu Begeisterungsfaktoren ist, dass Leistungsfaktoren bei Nichterfüllung die Unzufriedenheit des Kunden nach sich ziehen, während das bei Basisfaktoren nicht der Fall ist (Vgl. Scheider, 2008 S. 41)

Kundenzufriedenheit ist somit der Wegbereiter für Kundenloyalität, die in verschiedenen Ausprägungen wahrgenommen wird.

3.2 Arten der Kundenloyalität

Die Loyalität kann für Produkte, Händler, Systeme, Marken und vieles mehr festgestellt werden. Aus Sicht des Kunden können all die eben genannten Loyalitätskriterien unter dem Begriff Lieferantenloyalität subsumiert werden. In der Praxis hat sich jedoch der Begriff Kundentreue etabliert, weil der Kunde durch die Veränderungen des Marktes im Fokus steht (vgl. Stahl, 2006, S. 87).

Stahl postuliert, dass es angebracht ist, die Begriffe Kundentreue und Kundenloyalität zu trennen, weil Kundentreue weiter geht als die Kundenloyalität. Treue wird demnach mehr mit Gefühlen und moralischen Tugenden und Vertrauen und Hoffnung in Verbindung gebracht und es auch zur Verdrängung von Unsicherheit kommt. Bei Loyalität hingegen wird eine nüchterne Sichtweise herangezogen, welche die Unsicherheit und ein Ende der Beziehung als Option erkennt. (vgl. Stahl, 2006, S. 87).

Die Loyalität kann wie in Abbildung 8 dargestellt in drei Schichten betrachtet werden.

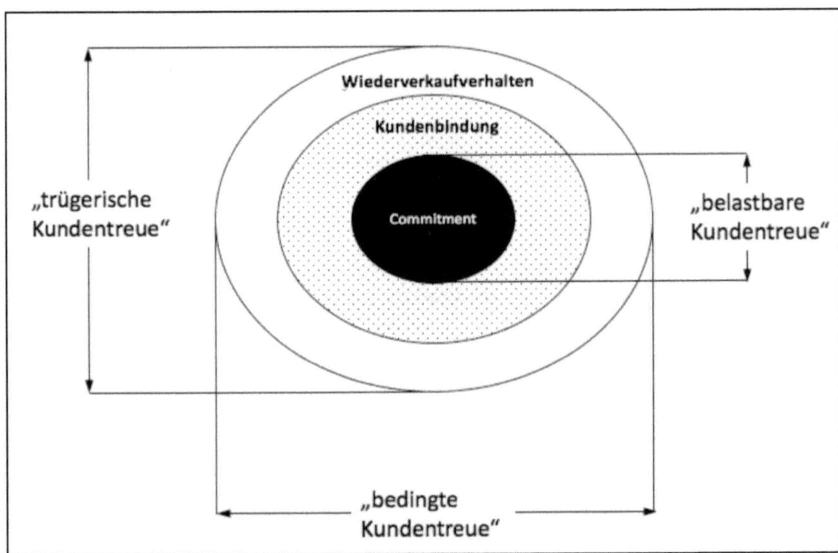

Abbildung 8: Schichtenmodell der Kundenloyalität
(Quelle: Stahl, 2006, S. 89.)

Der Kern dieses Modells ist die belastbare Kundenloyalität, die eine Kundenbeziehung beschreibt, in der der Kunde wie ein Anhänger zum Unternehmen steht, und dieses auch weiterempfiehlt. Diese Form wird auch als Commitment bezeichnet. Die nächste Kategorie bezeichnet eine Loyalität, in der es Bedingungen gibt. Diese Loyalität beruht dennoch auf freiwilliger Basis. Die dritte Kategorie erkennt ein Wiederkaufverhalten und schließt daraus auf Loyalität. Es scheint, als wäre der Kunde auch zufrieden. Da diese Feststellung sehr unsicher und auf Annahmen beruht, wird sie auch als trügerische Kundenloyalität bezeichnet (vgl. Stahl, 2006, S. 89).

Die trügerische Kundenloyalität kann in Unternehmen einfach festgestellt werden, indem das Kaufverhalten der Kunden analysiert wird. Kunden, die in der Vergangenheit mehrmals gekauft haben, werden somit identifiziert und können somit in loyale und nicht loyale Kunden unterschieden werden. Bei dieser Art der Klassifizierung besteht jedoch eine hohes Risiko der Fehlinterpretation, weil es keinerlei Hinweise zum Grund des Wiederkaufs gibt. Es ist nicht bekannt, ob der Kunde aus Bequemlichkeit, aus praktischen Gründen, zufällig, aus Mangel an Alternativen oder sonstigen Gründen einen Folgekauf getätigt hat und ob er es in Zukunft wieder machen wird. Aufgrund dieser Unsicherheit wird die Kennzeichnung loyaler Kunden, die rein auf der Analyse der Wiederkaufszahlen beruht, als trügerische Kundenloyalität bezeichnet (vgl. Stahl, 2006, S. 89).

Die bedingte Kundenloyalität ist konkreter. Der Kunde möchte nicht nur einfach kaufen, sondern informiert sich umfassend über das Produkt sowie das Unternehmen. Darüber hinaus ist hier eine positive Einstellung, wie zum Beispiel Bewunderung, erkennbar. Der Kunde geht eine freiwillige Bindung ein, welche eben nicht bedingungslos ist. Solange das Angebot der Konkurrenz nicht besser ist, bleibt die freiwillige Bindung aufrecht. Aufgrund der lockeren Bindung überprüft auch der Lieferant laufend den Nutzen der Kundenbeziehung (Zweiseitigkeit). Lieferanten versuchen daher auch Wechselbarrieren zu installieren um Kunden weniger Bewegungsspielraum einzuräumen. Risikoscheue oder Trägheit sind Barrieren, die Kunden von sich aus haben. Lieferanten versuchen zusätzliche Barrieren in Form von emotionalen, materiellen, wissensmäßigen oder rechtlichen Bindungen zu errichten. Wie stark eine bedingte Kundenloyalität ist, kann zum Beispiel an der Kontaktintensität, der Kaufbeständigkeit, der Kundenpenetration (Verhältnis Umsatz zu Bedarf) oder anhand einer Befragung festgestellt werden. Durch die Befragung erfährt der Lieferant, welchen Status er beim Kunden einnimmt. Im besten Fall zählt der Lieferant zum Evoked-Set und wird bei Anschaffungen spontan in Betracht gezogen. Oder es findet eine Einordnung in die Gruppe, die als Awareness-Set bezeichnet wird statt. Das bedeutet, dass der Kunde den Lieferanten nur kennt. Wird der Lieferant jedoch nur zum Inert-Set gezählt, bedeutet das, dass er gar nur akzeptiert ist, neutral gesehen wird oder gar abgelehnt wird bzw. eine Mischform dieser drei Eigenschaften ist. (vgl. Stahl, 2006, S. 92ff.).

Commitment ist im Vergleich zur trügerischen und zur bedingten Kundenloyalität die engste Form davon. Der Begriff Commitment hat sich im Themenkreis des Beziehungsmanagement etabliert, weshalb dieser englische Begriff auch nicht übersetzt wird. Moral und Pflichtbewusstsein haben in dieser Kategorie zusätzlich einen Einfluss auf den Folgekauf. Kunden verlängern bei dieser Form der Loyalität bewusst die Kundenbeziehung, obwohl der Markt verlockende bessere Angebote bietet. Der Kunde sieht hier also bewusst von einer Abwanderung ab. Kunden wählen diesen Schritt unter anderem, weil sie Schuldgefühle gegenüber dem Lieferanten vermeiden wollen, aus Gründen der Reputation, und weil es zum Abbau von kognitiven Dissonanzen kommt. Im Bezug auf kognitive Dissonanzen könnten Kunden bei einem attraktiveren Angebot zwar die Dissonanzen auflösen, indem Sie abwandern, der dadurch entstehende Aufwand wäre jedoch sehr groß. Kunden wählen in solchen Situationen häufig den einfacheren Weg und lösen die Dissonanzen dadurch auf, dass sie sich ein neues Bild, eine Rechtfertigung schaffen, und so den Verbleib beim Lieferanten rechtfertigen (vgl. Stahl, 2006, S. 97ff.).

Hinsichtlich der funktionalen Form des Zusammenhangs gibt es unterschiedliche Annahmen, die den positiven Einfluss der Kundenzufriedenheit erklären. Diese Funktionen sind in Abbildung 9 zu sehen und werden in der Folge beschrieben.

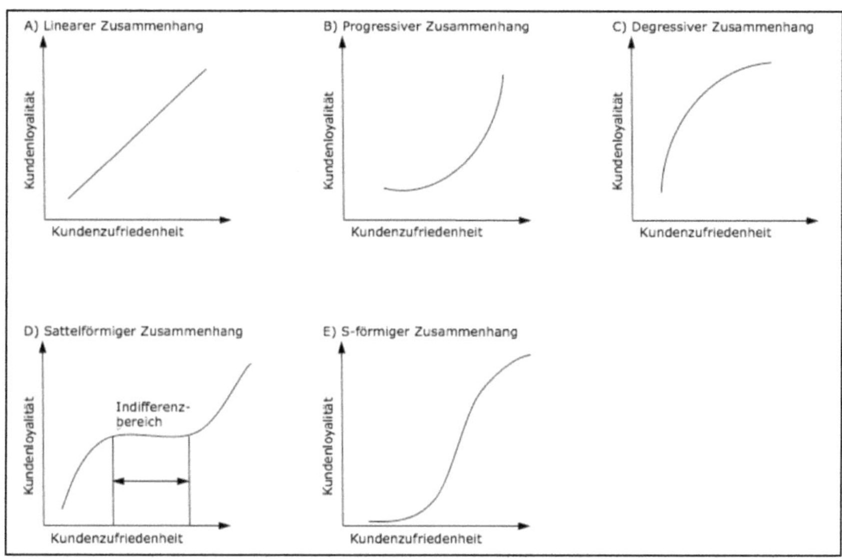

Abbildung 9: Mögliche funktionale Zusammenhänge zwischen Kundenzufriedenheit und Kundenbindung
(Quelle: Homburg/Becker/Hentschel, 2010, S. 130.)

Die Grafik „A" zeigt einen linearen Zusammenhang zwischen der Kundenzufriedenheit und der Kundenloyalität. Höhere Zufriedenheit führt somit zu mehr Loyalität. Ein progressiver Zusammenhang ist in der konvexen Funktion „B" dargestellt. Hier wird unterstellt, dass die Kundenloyalität trotz steigender Zufriedenheit zunächst nur gering erhöht wird. Sobald aber eine bestimmte Zufriedenheitsstufe erreicht wird, steigt die Kundenloyalität jedoch überproportional. Ein konkaver Kurvenverlauf wird in Grafik „C" verzeichnet. Hier wird angenommen, dass die Kundenloyalität am Beginn mit zunehmender Zufriedenheit besonders stark steigt, ab einem gewissen Punkt wird aber nur mehr eine mäßige Steigerung der Loyalität trotz zunehmender Zufriedenheit verzeichnet. Einen sattelförmigen Zusammenhang beschreibt die Grafik „D". In dieser Form existiert ein Indifferenzbereich. Bei mittlerer Zufriedenheit gibt es hier keinen positiven Einfluss auf die Kundenloyalität. Erst wenn eine erhöhte Zufriedenheit wahrgenommen wird kommt es wieder zu einer überproportionalen Erhöhung der Kundenloyalität. Der S-förmige Verlauf in Grafik „E" zeigt im mittleren Zufriedenheitsbereich - anders als beim sattelförmigen Verlauf („D") – einen starken Anstieg der Kundenloyalität. Auffällig ist bei diesem Verlauf auch, dass bei geringer und bei sehr hoher Zufriedenheit die Veränderung bei der Loyalität sehr gering ausfällt.

Die Forschung der Loyalität geht zurück bis ins Jahr 1920 und wurde damals unter dem Begriff „Brand insistance" analysiert. Auf dieser Basis wurde bis in die 70er Jahre geforscht. Die Basis war die behavioristische Sichtweise, in der das Wiederkaufverhalten beobachtet wurde. Es folgte dann die neobehavioristische Sichtweise, der zufolge nicht nur die tatsächlichen oder beabsichtigten Käufe berücksichtigt wurden, sondern auch psychologische Merkmale, wie zum Beispiel die Einstellung der Kunden (vgl. Skala-Gast, 2012, S. 35).

Aufgrund dieser Erkenntnisse wurden Anfang der 1990er Jahre die ersten Untersuchungen zwischen Kundenzufriedenheit und Kundenbindung gemacht. Diese Studien untermauerten, dass nicht die Kundenzufriedenheit, sondern die Kundenbindung langfristig für den Unternehmenserfolg wertvoll ist. Von diesem Zeitpunkt an wurde es für Unternehmen eine wichtige Aufgabe die Kundenbindung zu erhöhen. Unternehmen wurden zum Handeln aufgefordert, und der Begriff Kundenbindungsmanagement wurde bekannt, welcher in den letzten Jahren durch den Begriff Customer Relationship Management (CRM) ersetzt wurde. In der Praxis wird diese Übersetzung oft für die IT-Software verwendet, die eigentliche Bedeutung ist letztendlich die Kundenbindung (vgl. Homburg/Bruhn, 2010, S. 6f.).

Eine dauerhafte Kundenbindung aufzubauen wird aus Unternehmenssicht immer schwieriger. Zwei Herangehensweisen bieten sich an: 1. Wechselbarrieren installieren (Gebundenheitsstrategie), 2. durch Kundenbetreuung eine Kundenzufriedenheit herstellen, die dazu führt, dass der Kunde freiwillig beim Unternehmen bleibt. Die zunehmende Kundenorientierung führt außerdem zu einem Paradigmenwechsel vom transaktionsorientierten Marketing, wo im Wesentlichen der Kaufakt im Mittelpunkt steht hin zum beziehungsorientierten Marketing (vgl. Schneider/Kornmeier, 2006, S.14f.).

Wechselbarrieren sind Hürden, die auf verschiedene Arten errichtet werden um Kunden längerfristig ans Unternehmen zu binden. Es gibt technische Hürden (z. B. Software), ökonomische und juristische Hürden (z. B. Mengenrabatte, Bonussysteme etc.), psychologische (z. B. mühsame Prozedur beim Wechsel des Anbieters) und soziale Hürden (z. B. Kundenclubs) (vgl. Schneider, 2008, S. 73ff.).

Obwohl Kundenzufriedenheit fallweise mit Kundenloyalität gleichgesetzt wird, kann nicht davon nicht ausgegangen werden. In der Realität hat sich nach Hinterhuber/Handlbauer/Matzler gezeigt, dass die Kundenloyalität trotz gesteigerter Kundenzufriedenheit unverändert bleibt. Erklärt wird dieser Umstand durch die Lust der Kunden nach Abwechslung beim Kauf. Der Fachausdruck dafür ist Variety-Seeking, wo Kunden den Anbieter wechseln, obwohl sie mit ihm zufrieden sind. Konträr dazu gibt es Fälle, wo Kunden sich dem Anbieter gegenüber loyal verhalten, obwohl sie vielleicht nicht sehr zufrieden sind. Ihre Loyalität ist auf das bereits besprochene Thema Wechselbarrieren zurückzuführen. Das Vorhandensein einer Indifferenzzone kann ebenfalls dazu führen, dass trotz Kundenzufriedenheit die Loyalität nicht steigt. Der Grund für dieses Phänomen ist, dass Kunden Erwartungen an ein Produkt oder eine Leistung haben. Eine einfache Erfüllung der Erwartung führt noch nicht zur Loyalität der Kunden. Loyalität entsteht, wenn die Erwartungen übertroffen werden und die Kunden begeistert sind (vgl. Hinterhuber/Handlbauer/Matzler, 2003, S. 40.).

Auch Kumar/Reinartz stellen fest, dass selbst zufriedene Kunden von vielen Faktoren beim Kauf beeinflusst werden. Selbst ein hoher Grad an Zufriedenheit ist dabei kein Garant dafür, dass ein Kunde sich loyal verhält, weil er den selben Grad der Zufriedenheit auch bei andern Lieferanten erreichen kann (vgl. Kumar/Reinartz, 2012, S. 27).

CRM (Customer Relationship Management) wird nach wie vor manchmal noch als IT-Projekt gesehen. Diese Grundhaltung führt vielfach dazu, dass solche Projekte scheitern. Die Ausrichtung von Prozessen und Strukturen kann durch eine rein technologische Lösung nicht gelingen. Die Technologie kann hier aber eine nicht unwesentliche Hilfestellung bieten. Aufgrund bisheriger Forschung kann konstatiert werden, dass Unternehmen, welche diese Abhängigkeiten verstehen und eine Unternehmensweite CRM Strategie verfolgen, im Wettbewerb überlegen sind (vgl. Krafft/Götz, 2011, S. 238).

Die Vorteile loyaler Kunden sind vielfältig. Loyale Kunden haben nicht nur eine höhere Wiederkaufsrate, sondern sind auch bereit Zusatzkäufe zu tätigen. Loyale Kunden sind außerdem weniger preissensibel. Was bedeutet, dass sie nicht leichtfertig bei Preisunterschieden zur Konkurrenz abwandern. Loyale Kunden helfen mit Produkte weiterzuentwickeln, indem sie qualifiziertes Feedback geben (vgl. Schüller/Fuchs, 2013, S. 41).

Auch der Umsatz kann durch loyale Kunden verbessert und durch Cross-Selling entsprechend ausgebaut werden (vgl. Homburg, 2012, S. 510). Die Kosten für die Kundenbeziehung reduzieren sich im Laufe der Zeit, weil mehr Wissen über den

Kunden dazu beiträgt, dass die Effizienz in der Betreuung steigt. Bei der Neukundenakquise hingegen entstehen höhere Mehrkosten. Der Punkt Stabilität ist darin begründet, dass Firmen durch verbesserte Kundenkenntnis eine erhöhte Planungssicherheit erhalten (vgl. Homburg, 2012, S. 510). Schüller/Fuchs sind derselben Meinung und denken, dass Unternehmen in der Lage sind Ausgaben für Kundenbetreuung gezielter zu steuern. Nicht unwesentlich ist ebenso, dass loyale Kunden pünktlich zahlen (vgl. Schüller/Fuchs, 2013, S. 41).

Die Zufriedenheit und die Loyalität des Kunden entsteht im Kundenbeziehungsprozess. Die Auswirkung von gut betreuten Kundenbeziehungen sind vielfältig, weshalb die Kundenbeziehungspflege im Unternehmen verankert sein soll.

3.3 Auswirkung von Beziehungspflege

Unternehmen setzen sich Unternehmensziele und bauen die Strategie und Unternehmensprozesse in der Regel so auf, dass die Prozessziele von den Unternehmenszielen abgeleitet sind. Dementsprechend soll auch die Kundenbindung konsequent mit in das Zielsystem integriert sein. Viele Unternehmen haben die Kundenbindung bereits in ihr Zielsystem eingebunden, weil es sowohl psychografische als auch ökonomische Auswirkungen hat (vgl. Homburg/Bruhn, 2010, S. 18).

Die positiven Auswirkungen von Kundenbindungsmanagement machen sich nicht nur auf der Einnahmenseite, sondern auch durch niedrigere Kosten bemerkbar. Die Betreuungskosten können durch aktives Kundenmanagement reduziert werden, weil die richtigen wichtigen Kunden im Focus stehen (vgl. Homburg/Bruhn, 2010, S. 18).

Matzler, Stahl, Hinterhuber postulieren, dass die Auswirkungen einer Kundenbeziehung vielfältig sind. Kunden die Vertrauen zum Unternehmen hergestellt haben und wieder kaufen senken beim Unternehmen die Akquisitionskosten und die Beziehungskosten. Durch den Wiederkauf können Kosten, die bisher für den Beziehungsaufbau notwendig waren, gedeckt werden. Außerdem können gesparte Kosten für die Akquisition von Neukunden verwendet werden. Je höher die Wiederkaufsrate ist, desto geringer sind somit die Kosten für Neukundenakquisition. Ein weiterer Vorteil einer stabilen Kundenbasis ist, dass Stammkunden auch neue Produkte schneller kaufen und somit helfen Kosten einzusparen. Der Cash-flow ist bei einem hohen Stammkundenanteil weniger volatil und führt zu einer Stabilität des Unternehmens (vgl. Matzler/Stahl/Hinterhuber, 2006, S. 10).

Cross-Selling Möglichkeiten des Unternehmens erhöhen sich ebenfalls durch loyale Kunden. Kunden vertrauen dabei auf die Kompetenzen des Unternehmens und sind bereit auch andere Produkte aufgrund dieser Einstellung zu kaufen. Durch die höheren Umsätze eines Kunden, die nicht nur mit einem Produkt erzielt werden, und durch die Kostenersparnis aufgrund schnellerer Entscheidungswege kommt es zur Beschleunigung und Erhöhung des Cash-flows (vgl. Matzler/Stahl/Hinterhuber, 2006, S. 11).

Loyalität hat auch eine Auswirkung auf die Preissensibilität von Kunden. Loyale Kunden sind eher bereit aufgrund der bisherigen guten Erfahrungen mit einem Unternehmen höhere Preise zu akzeptieren und wechseln nicht so rasch bei kurzfristigen Vergünstigungen der Wettbewerber (vgl. Matzler/Stahl/Hinterhuber, 2006, S. 12).

Positive Mundwerbung ist eine wesentlich effektivere Werbung, weil sie glaubhafter transportiert wird als eine Marketingmaßnahme vor allem weil sie persönlich ist (vgl. Matzler/Stahl/Hinterhuber, 2006, S. 13).

Bruhn, Georgi skizzieren die Erfolgswirkung von Kundenbindungsmanagement gleichlautend in der Abbildung 10.

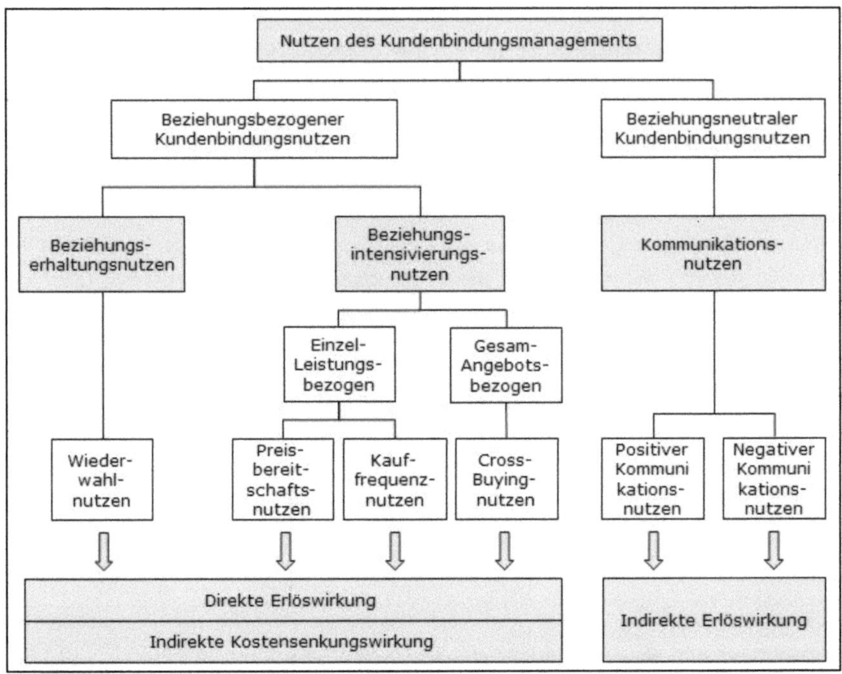

Abbildung 10: Nutzenkategorien des Kundenbindungsmanagements
(Quelle: Bruhn/Georgi, 2010, S. 645.)

In dieser Darstellung erfolgt eine Gruppierung der Faktoren. Eine erste Unterscheidung wird in die Kategorie beziehungsbezogener oder beziehungsneutraler Nutzen gemacht. Beziehungsneutraler Nutzen wird nicht auf eine Kundenbeziehung direkt zurückgeführt und zählt hier die positive wie negative Kommunikation auf, die eine indirekte Auswirkung auf den Erlös zeigen. Direkte Auswirkung haben hingegen Maßnahmen, die auf eine Kundenbeziehung abzielen. Eine Kategorie ist dabei der Nutzen aufgrund der durch den Fortbestand der Beziehung entsteht. Beziehungsintensivierungsnutzen wird generiert, indem Kunden bereit sind einen höheren Preis zu bezahlen, öfter einzukaufen oder auch zusätzliche Leistungen in Anspruch zu nehmen (vgl. Bruhn/Georgi, 2010, S. 645f).

Jede Form der Loyalität, somit auch die der Markenloyalität, hat eine entsprechende erlöswirkende Auswirkung.

Damit die Wirtschaftlichkeit der Kundenbeziehung beurteilt werden kann, müssen die Kosten, welche für das Kundenbindungsmanagement eingesetzt werden, dem ökonomischen Nutzen gegenübergestellt werden. Die nachfolgende Gegenüberstellung (Abbildung 11) der Kosten- und der Gewinnfunktion zeigt, dass die Nutzenkurve die Kostenkurve beim Aktivitätsniveau A schneidet und hier die Gewinnzone erreicht wird. In dieser Phase bringen die Kundenbindungsmaßnahmen keinen finanziellen Erfolg, sondern einen Verlust. Erst danach kann ein Gewinn erzielt werden. Diese Gewinnzone erreicht das Maximum beim Aktivitätsniveau C und wird danach immer geringer, bis die Kosten den Nutzen beim Niveau D wieder überschreiten (vgl. Bruhn/Georgi, 2010, S. 654).

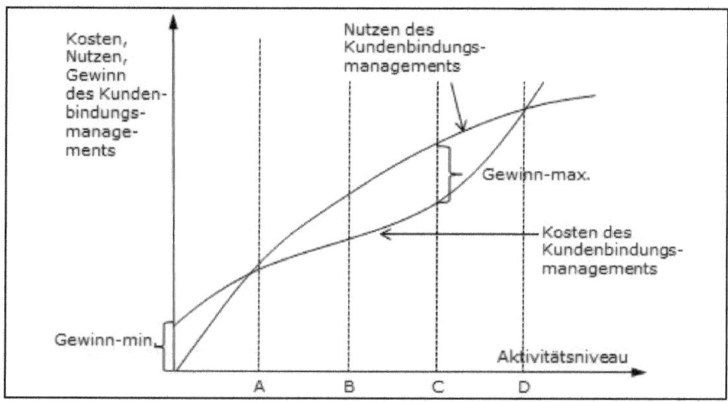

Abbildung 11: Bestimmung des Aktivitätsniveaus des Kundenbindungsmanagements (Quelle: Bruhn Georgi, 2010, S. 655.)

Es bedarf aber einer angemessenen Zeit, bis Kunden die Veränderungen durch aktives Kundenmanagement in monetären Erfolg messen können. Eine mittel- bis langfristige Zeitspanne sollte daher eingeplant werden (vgl. Leußer/Hippner/Wilde, 2011, S. 21). Abbildung 12 zeigt die positive Entwicklung des Erfolges über die Kundenbindungsjahre hinweg. Mit Fortdauer der Kundenbeziehung steigt auch die Chance den Gewinn zu erhöhen. Von Bedeutung ist hier auch, dass sogenannte weiche Faktoren, wie zum Beispiel die Weiterempfehlung, sich ebenfalls positiv entwickeln.

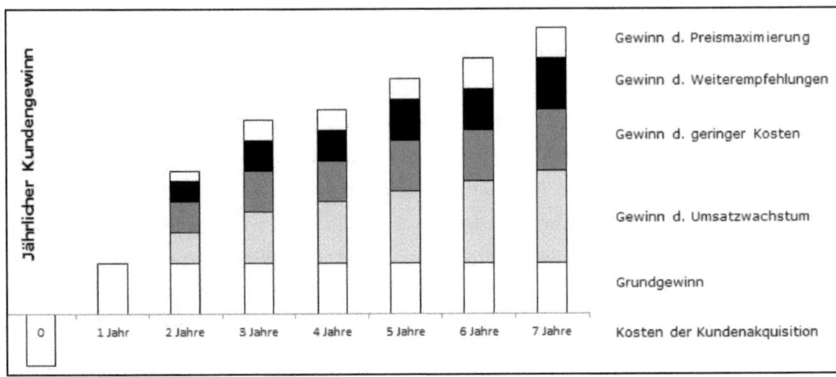

Abbildung 12: Wirkung Profitabilität von loyalen Kunden
(Quelle: Reichheld, 2001, S. 39.)

Der ökonomische Erfolg stellt sich nicht bei jeder Kundenbeziehung ein und soll auch nicht bedingungslos angestrebt werden. Mitunter kann es auch notwendig sein, Konsequenzen zu ziehen, indem eine Trennung von nicht profitablen Kunden vollzogen wird (vgl. Homburg/Bruhn, 2010, S. 10f.).

Eine Kündigung von Anbieterseite wurde von der Wissenschaft erst spät aufgegriffen. Erst Ende der späten 1990er Jahren begann die Wissenschaft hier zu forschen, nachdem zuerst nur Kündigungsarten von Kundenseite untersucht wurden. Größtenteils sind Forschungen zum Thema Anbieterkündigungen auf B2B Kunden vorzufinden (vgl. Bruhn, 2010, S. 357).

Die wissenschaftlichen Erkenntnisse zum Thema Kündigung durch Anbieterseite sind noch sehr limitiert. Grund dafür ist der scheinbare Widerspruch, dass dieses Thema im Kontext der Kundenbindung, also etwas Positivem, gesehen werden kann. Der Erfolgsfaktor Kundenbindung ist schwer mit Kündigung von Kunden in Einklang zu bringen (vgl. Bruhn, 2010, S. 378f.).

Eine Differenzierung zwischen profitablen und nichtprofitablen Kunden ist notwendig. Es darf nicht das Ziel sein, Kunden einheitlich durch das Unternehmen zu betreuen. Wieviel in eine Kundenbeziehung investiert wird, ist vom Kundenwert (Siehe Kapitel 2.4 Kundenwert als Beziehungsbewertung) abhängig. Ein aktives Beziehungsmanagement erfordert strategisches Vorgehen im Sinne der Unternehmensziele und nicht profitable Kundenbeziehungen entweder aufzulösen, Leistungen einzuschränken oder Preise anzupassen. Diese Maßnahmen können durchaus auch dazu führen, dass betroffene Kunden ihr Kaufverhalten ändern, oder die Geschäftsbeziehung abbrechen (vgl. Stauss/Seidel, 2007, S. 31).

Die Kostenersparnis durch weniger Neukundenakquise sorgt für Opportunitätsgewinne, die in ihrer Höhe oft unterschätzt werden. Ein konkretes Gegenrechnen ist in den Unternehmen meist nicht möglich, weil die Kosten für Kundenakquise nicht ausreichend erfasst werden wie zum Beispiel Vorbereitung, Dauer der Kundenbesuche, spezifische Vorleistungen und Investitionen. Der Betreuungsaufwand ist bei Stammkunden schon deshalb geringer, weil die Bedürfnisse und Gepflogenheiten des Kunden bekannt sind und Prozesse somit effizienter abwickelt werden können (vgl. Diller, 2011, S. 260f.).

Eine effektive Kundenbetreuung kann mit der Durchführung einer ABC-Analyse beginnen, die auf dem Kundenwert basiert. A-Kunden, die den höchsten Kundenwert repräsentieren, werden in Entwicklungsprogrammen eingebunden, bekommen Schulungen, sind in Bonusprogrammen eingegliedert oder bekommen bessere Serviceleistungen. B-Kunden, bekommen ebenfalls Motivationsleistungen, die aber nicht so umfangreich sind. Auch hier kann es Rabatte geben, gemeinsame Schulungen mit anderen B-Kunden, oder sie bekommen Serviceleistungen kostenlos. Der Aufwand für C-Kunden soll jedoch so gering als möglich gehalten werden. Als Richtwert für eine Klassifizierung der Kunden haben A-Kunden ca. 80% Anteil am Gesamtumsatzhaben, B-Kunden 15% und C-Kunden ca. 5% (vgl. Schneider, 2008, S. 73ff.).

Die Kosteneinsparung macht sich nicht nur bei Geschäftsabläufen (zum Beispiel elektronische Anbindung wie EDI) sondern auch bei Werbekosten bemerkbar, weil es hier zu keinen Streuverlusten kommt. Da die Einsparmöglichkeiten mit loyalen Kunden von der Branche und vielen anderen Faktoren abhängen, kann hier kein allgemein gültiger Wert festgemacht werden (vgl. Diller, 2011, S. 261).

Die Beziehungspflege beinhaltet auch die Beobachtung der Abwanderung von Kunden. Der finanzielle Verlust eines abwandernden Kunden kann bestimmt werden, indem nach Kotler, Keller, Bliemel eine Analyse in vier Schritten gemacht wird:

1. Als erstes müssen Unternehmen die Kundenabwanderungsrate und die Kundenverweildauer ihres Betriebes definieren.

2. Es sollen wichtige Ursachen, die zur Abwanderung von Kunden führen (zum Beispiel schlechtes Service) kategorisiert werden, um daraus zu erkennen, wie viele Kunden aus den genannten Gründen dem Unternehmen abhanden kommen.

3. Danach wird eine Einschätzung des Verlustes vorgenommen. Diese Einschätzung bezieht sich entweder auf einzelne Kunden direkt, oder auch auf

die gesamte Gruppe der abgewanderten Kunden. Bei der Betrachtung wird der Umsatz, welchen Kunden gemacht haben, als Verlust für die grundsätzliche Verweildauer von Kunden gerechnet.

4. Als letzter Schritt folgt eine Gegenüberstellung der Kosten für Maßnahmen, welche für die Reduzierung der Kundenabwanderung notwendig sind, zu dem Verlust, der durch das Ausbleiben der Kunden erwächst.

Aus der Gegenüberstellung der Ergebnisse aus Punkt 4 ergibt sich dann eine Handlungsempfehlung (vgl. Kotler/Keller/Bliemel, 2007, S. 60f.). Eine effektive Kundenbetreuung beginnt mit einer Kundenbewertung und einem Kundenmonitoring. Einige Möglichkeiten sollen diesbezüglich erwähnt werden.

3.4 Kundenbewertungsmethoden

Maßnahmen und Konzepte können nur dann als erfolgreich eingestuft werden, wenn sie hinsichtlich der gesteckten Ziele laufend überprüft werden. Permanente Weiterentwicklung wird durch Berücksichtigung von Kontrollergebnissen bei der zukünftigen Umsetzung von Maßnahmen erreicht. Wie aus der u.a. Statistik (Abbildung 13) ersichtlich ist, verwenden Unternehmen eher einfache Methoden, wie zum Beispiel die ABC-Analyse, und vermeiden komplexere Berechnungen, wie zum Beispiel die Customer Lifetime Value Variante (vgl. Bruhn, 2015, S. 287).

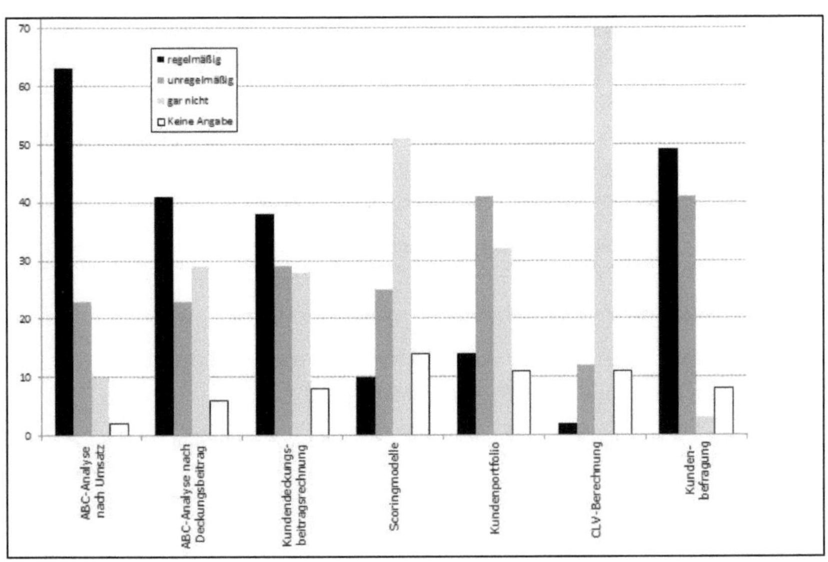

Abbildung 13: Phasen des Kundenbeziehungszyklus
(Quelle: Rudolf-Sipötz/Tomczak, 2001, S 62; zitiert nach: Bruhn, 2015, S. 287.)

Das EFQM (European Foundation for Quality) Modell stellt eine Möglichkeit dar, mit der überprüft werden kann, ob das Beziehungsmarketing in einem Unternehmen konsequent umgesetzt wird. Das System beruht auf die Gegenüberstellung von zwei Hauptgruppen. Dies Gruppen sind die Befähiger, in der sämtliche Bemühungen, die zu einer guten Beziehung führen, zusammengefasst sind, und die Gruppe der Ergebnisse, in der die erzielten Ergebnisse welche durch die eingesetzten Maßnahmen erreicht wurden zusammengefasst sind. Das EFQM Modell wurde ursprünglich für die Vergabe des European Excellence Award konzipiert, aber immer mehr Unternehmen verwenden dieses Modell, um damit ein Self-Assessment durchzuführen. Anhand dieses Modells werden die Maßnahmen, die tatsächlich für ein Relationship Marketing eingesetzt werden, aufgezeigt und die resultierenden Ergebnisse betrachtet. Aufgrund der Komplexität und des hohen Aufwandes ist dieses Modell kostenintensiv (vgl. Bruhn, 2015, S. 337ff.).

Das Balanced Scorecard Modell betrachtet das Unternehmen nach vier Gesichtspunkten: die finanz-, kunden-, prozess- und potenzialorientierte Sicht. Anhand umfangreicher Kennzahlen in den einzelnen Kategorien wird versucht eine Transparenz und Balance im Unternehmen herzustellen. Die ganzheitliche Sichtweise fördert die Umsetzung der Unternehmensziele. Auf diese Weise unterstützt die Balanced Scorecard das Denken in Beziehungen, in der Folge in Kundenbeziehungen. Durch das Kennzahlensystem, in dem Sollwerte mit Istwerten abgeglichen werden, kann der Erfolg in verschiedenen Zielgrößen gemessen werden (vgl. Bruhn, 2015, S. 334f.).

Eine einfache Methode die Kundenentwicklung zu beobachten ist die Verfolgung des Kundenumsatzes über einen Zeitraum. Beim Kundenumsatz wird der vom Kunden über die Laufzeit der Kundenbeziehung bisher getätigte Umsatz betrachtet (vgl. Hofmann/Mertiens, 2000, S. 116).

Effektiver ist die Betrachtung des Kunden-Deckungsbeitrages. Bei dieser Betrachtungsweise werden vom Kundenumsatz die variable Kosten in der Gestalt von Vertriebs-, und Marketingmaßnahmen abgezogen (vgl. Hofmann/Mertiens, 2000, S. 116).

Anhand der ABC-Analyse können diverse Untersuchungsgegenstände, also auch Kunden, nach deren Beitrag zum Unternehmenserfolg klassifiziert werden. Als Grundlage für die Analyse können zum Beispiel der Umsatz, die Kosten oder der Nutzen von Kunden herangezogen werden. Im nächsten Schritt werden die Kunden dann in drei Gruppen A-, B-, C-Kunden aufgeteilt und die Kundenbetreuung dementsprechend angepasst. A-Kunden werden durch Key Accounts betreut, mehrere B-Kunden werden zusammengefasst und durch einen Vertriebsmitarbeiter betreut, während C-Kunden wenig Sonderbehandlung erhalten (vgl. Schawel/Billing, 2014, S. 12f.).

Bei der Barwertmethode (Net Present Value / NPV) werden verschieden Zahlungsströme wie Umsätze oder Kosten auf einen Zeitpunkt konvertiert, damit Vergleiche angestellt werden können. Diese Betrachtungsweise wurde aus der Investitionsrechnung zur Berechnung des Kundenbarwerts übernommen (vgl. Schawel/Billing, 2014, S. 177).

Der Recommendation Value wird aus dem Umsatz von Kunden, die durch Weiterempfehlung gewonnen werden und den lukrierten Kostenersparnissen errechnet (vgl. Schüller/Fuchs, 2013, S. 43).

Kunden können zusätzlich zu ihrem Umsatz auch an dem Potenzial, welches durch deren Weiterempfehlung entsteht, gemessen werden. Die Kennzahl dafür ist der Loyalty Value (LOVA). Der Wert ermittelt sich aus dem Lifetime Value und dem Recommendation Value (vgl. Schüller/Fuchs, 2013, S. 43).

Die RFM Methode (Recency, Frequency, Monetary Value) verwendet drei Kriterien um das Kundenverhalten und den Kundenwert zu ermitteln und ist in der Praxis sehr häufig eingesetzt. Unter Recency wird gemessen, wie lange der letzte Auftrag eines Kunden zurückliegt.Frequency ist eine Maßzahl dafür, wie oft der Kunde in einer bestimmten Periode gekauft hat. Monetary Value evaluiert den Betrag, den der Kunde im Durchschnitt pro Transaktion ausgibt. Mit der RFM Methode können Kunden kategorisiert und Marketingmaßnahmen zielgerichtet durchgeführt werden (vgl. Kumar/Reinartz, 2012, S. 111f.).

Das Kundenportfoliomanagement beschäftigt sich mit einer Kundensegmentierung, indem Kunden nach tatsächlichen oder wahrgenommenen Eigenschaften eingeordnet werden. Von Bedeutung ist auch der Kunden-Lebens-Wert. Customer-Lifetime-Value (CLV). Der CLV setzt sich aus quantitativen und qualitativen Größen zusammen. Verwendet werden Daten, die für das Unternehmen von Bedeutung und auch verfügbar sind. Die Vorgangsweise bei der Errechnung des CLV ist durch die Kapitalwertmethode möglich. Bereits am Anfang einer Kundenbeziehung werden dabei alle künftigen Einzahlungen wie Auszahlungen durch den Kunden geschätzt und aufgerechnet. Im nächsten Schritt wird die Dauer der Kundenbeziehung geschätzt und die Ertragsströme mit dem internen Zinssatz auf das aktuelle Datum abgezinst. Qualitative Größen können in die Berechnung ebenfalls einbezogen werden. Für diesen Zweck werden mögliche Erträge mit einer Eintrittswahrscheinlichkeit multipliziert (vgl. Hofmann/Mertiens, 2000, S. 15).

Um Loyalität bei Kunden zu generieren ist es aber auch notwendig, die Sales Pipeline entsprechend zu befüllen. Dies gelingt nicht zuletzt dadurch, dass sich Unternehmen ein Kundenbetreuungskonzept erarbeiten, welches mit einer Schlagzahlvorgabe spezifiziert ist. Auf diese Weise wird durch ein entsprechendes Fundament für die Kundenloyalität gesorgt. Wesentlich ist danach auch eine entsprechende Validierung der Potenziale der Kunden, die sich in der Pipeline befinden. Das bedeutet, dass die Kunden, die einen höheren Wert haben dann einen höheren Betreuungsaufwand vom Vertriebsmitarbeiter erhalten (vgl. Pinczolits, 2008, S. 147ff.). Da die Ressourcen für die Betreuung von Kunden nicht unbegrenzt sind, ist es zweckmäßig den Betreuungsaufwand optimiert einzuplanen. Die ABC-Quadrat Analyse (Abbildung 14) stellt ein solches Planungstool dar.

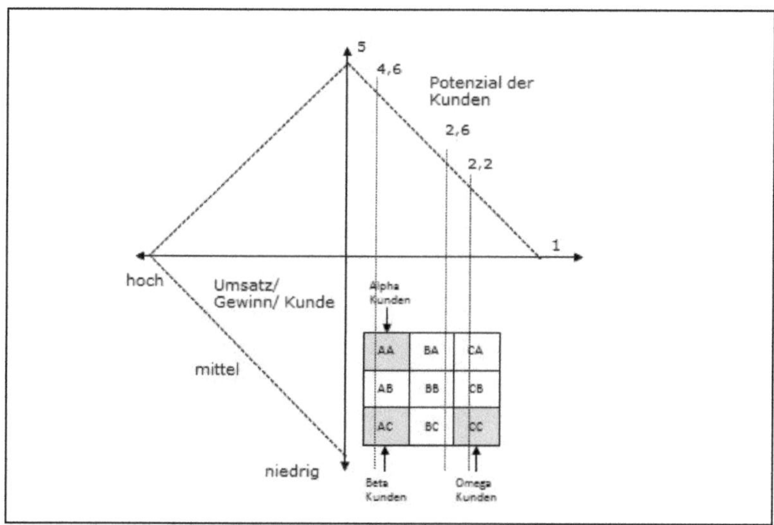

Abbildung 14: Beispiel einer ABC-Quadrat-Analyse
(Quelle: Vgl. Pinczolits 2008 S. 152.)

Anhand dieser Methode werden die im Vorfeld erhobenen Potenzialdaten in die ABC-Quadrat-Analyse eingetragen, wobei die Stammkunden nach Potenzial und Umsatz bewertet werden. In der resultierenden Grafik ist danach ablesbar zu welcher Gruppe der Kunde gehört. Der erste Buchstabe steht für das Potenzial, der zweite für den Umsatz. AA-Kunden sind die Top-Kunden des Unternehmens, die entsprechend betreut werden sollen. AC-Kunden weisen das höchste Potenzial auf, der Umsatz oder der Deckungsbeitrag ist noch nicht optimal. Diese Kunden sollen besser betreut werden um das Potenzial ausschöpfen zu können. CC Kunden sind folglich zu vernachlässigen und die freigewordenen Ressourcen können für Kunden mit mehr

Potenzial verwendet werden (vgl. Pinczolits, 2008, S. 150f.).

Anhand der Kundenbewertungsmethoden kann eine gezielte Steuerung der Kundenbetreuung initiiert werden. Als Ergänzung zu den Steuerungsmaßnahmen ist der Einfluss von anderen Faktoren auf die Kundenloyalität zu berücksichtigen. Die Mitarbeiterloyalität hat in diesem Zusammenhang eine Bedeutung.

3.5 Kundenloyalität und Mitarbeiterloyalität

Die Machtverschiebung an den Märkten die im wesentlichen von Top-Managern zu Interessensgruppen der Kunden aber auch zu den Mitarbeiter erfolgte sorgte für Herausforderung. Diese Tatsache führte auch zu der Erkenntnis, das nicht das Unternehmen, sondern die Kunden den wahren Erfolg für das Unternehmen liefern. Grundsätzlich stellen sich somit zwei fundamentale Fragen. An den Kunden richtet sich die Frage, ob er das Produkt, die Serviceleistung, die Marke an einen Freund/in, Kollegen/in weiterempfehlen würde. Genauso bedeutsam ist die Frage an den Mitarbeiter, ober er Freuden oder Kollegen empfehlen würde, für das Unternehmen zu arbeiten. Das Ergebnis der Antworten sind Faktoren für die Loyalität und das Commitment. Die Stärke des Zusammenhangs dieser beiden Faktoren beeinflusst den Erfolg des Unternehmens (vgl. Gonring, 2008, S. 29).

Die Mitarbeiterloyalität nimmt für sich bei den Unternehmen schon sehr große Bedeutung ein, genauso wie die Kundenloyalität als Thema Beachtung findet. In den Anfängen hingegen befindet sich noch die abgestimmte Vorgangsweise bei Themen zur Kundenloyaliät mit Themen der Mitarbeiterloyalität. Sowohl die Mitarbeitermotivation, wie auch das Kaufverhalten stehen im Fokus. (vgl. Gonring, 2008, S. 31).

Laut Gonring veröffentlichte das Gallup Institut 1990 eine Untersuchung, wonach motivierte Mitarbeiter produktiver sind, sich mehr auf den Kunden fokussieren und seltener den Arbeitgeber wechseln. Trotz derartiger Studien vernachlässigen Firmen noch oft den großen Vorteil von Mitarbeitererfahrung (vgl. Gonring, 2008, S. 34).

Der Einfluss von Mitarbeiterloyalität auf die Kundenloyalität wird gerne unterschätzt. Begründet ist es damit, dass nicht loyale Mitarbeiter eher nicht in der Lage sind, einen Bestand an loyalen Kunden aufzubauen. Erklärbar ist das damit, dass der Aufbau einer Kundenbeziehung zum Beispiel sehr zeitaufwändig und somit für nicht loyale Mitarbeiter uninteressant ist. Loyale Mitarbeiter sehen hingegen mehr Möglichkeiten sich weiter zu entwickeln und sind um Kunden bemüht. Arbeitgeber sparen durch loyale Mitarbeiter Kosten für Recruiting und Einschulung. Diese Ersparnis kann für Investitionen in Maßnahmen für Kundenzufriedenheit investiert werden. (vgl. Reichheld, 2001, S. 91).

Wie in der Abbildung 15 erkennbar ist haben Kundenbindung wie auch Mitarbeiterbindung – beide psychografischen Zielgrößen - einen Einfluss auf den ökonomischen Erfolg.

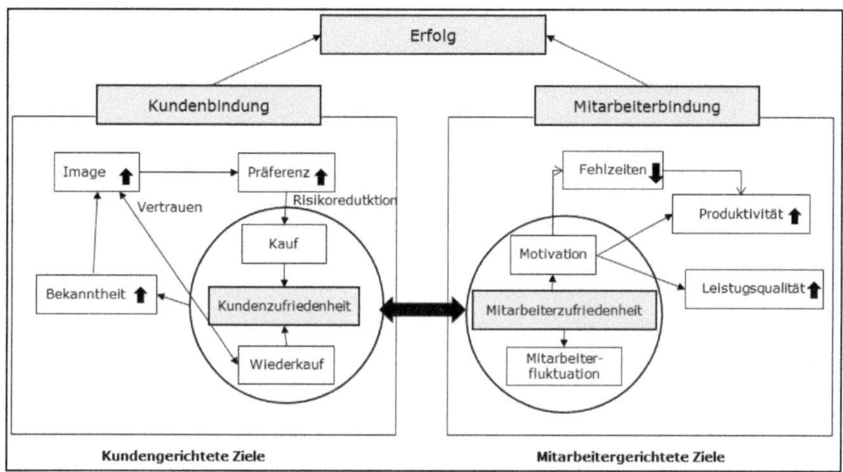

Abbildung 15: Kundenbindung im Zielsystem des Unternehmens
(Quelle: Meffert/Bruhn, 2006, S. 207; zitiert nach: Homburg/Bruhn, 2010, S. 18.)

Bei der Betrachtung der Auswirkung einer positiven Kundenbindung auf den Erfolg sind mehrere Wirkungen und Abhängigkeiten erkennbar. Kunden, die sich freiwillig an ein Unternehmen binden sorgen für mehr Umsatz, sie haben eine höhere Preisbereitschaft, weisen eine höhere Kauffrequenz auf und sind für Cross-Buying Angebote empfänglicher. All diese Indikatoren bringen ein Potenzial für mehr Umsatz und mehr Gewinn (vgl. Homburg/Bruhn, 2010, S. 18).

Mitarbeiter haben Kontakt zu den Kunden und sind somit Botschafter des Unternehmens. Ein weiterer Touchpoint mit dem Kunden sind Kundenbeschwerden. Auch hier kommt es zu einer direkten Kommunikation zwischen Mitarbeitern als Vertreter des Unternehmens und dem Kunden.

3.6 Kundenbindung durch Beschwerdemanagement

Das Beschwerdemanagement nimmt eine besondere Stellung bei der Kundenbindung und beim Kundenmanagement ein. Kunden, die sich beschweren, müssen nicht segmentiert und identifiziert werden, sondern sie werden von sich aus aktiv. Hinzu kommt, dass Beschwerdekunden ein Verlustpotenzial von Umsatz und Deckungsbeitrag bedeuten und somit sollen diese Kunden im Fokus des Unternehmens stehen. Kunden, die sich beschweren, haben ein Problem, welches als Chance gesehen werden kann. Wenn es dem Unternehmen gelingt aufgezeigte Probleme zu beheben, signalisiert das dem Kunden gegenüber Interesse an der Kundenbeziehung und sorgt damit für Vertrauen. Auf diese Weise ist eine Basis für Kundenloyalität geschaffen. Beschwerdemanagement unterstützt auf diese Weise das Kundenbeziehungsmanagement (vgl. Stauss/Seidel, 2007, S. 33f.).

Im Problemfall entscheiden Kunden wie sie damit umgehen. Kunden verbreiten nicht immer einfach nur negative Mundpropaganda oder wandern still ab, sondern nutzen auch die Möglichkeit sich beim jeweiligen Unternehmen zu beschweren. Bevor dieser Schritt der Beschwerde gemacht wird werden einige Überlegungen angestellt, wie zum Beispiel, welche Kosten eine Beschwerde mit sich bringt, oder welcher Nutzen durch die Beschwerde erreicht werden kann. Wir die Erfolgswahrscheinlichkeit sehr gering eingestuft, weil sich zum Beispiel die Beweisführung gegen den Verkäufer schwierig gestalten kann, wird die Beschwerde eventuell nicht in Betracht gezogen. Auch der Zeitfaktor, der Stellenwert des Konsum und die soziale Unterstützung bei der Beschwerdeführung werden in die Überlegungen mit einbezogen (vgl. Stauss/Seidel 1998; zitiert nach: Schneider/Kornmeier, 2006, S. 43).

Der Großteil der Kunden beschwert sich nicht („unvoiced complaints"), nur wenige wenden sich mit ihrem Problem direkt an das betroffene Unternehmen. Eine nationale Erhebung in Deutschland (Service Barometer 2006) zeigt, dass der Anteil der nichtartikulierten Beschwerden sehr hoch ist und außerdem von der jeweiligen Branche abhängt. (vgl. Stauss/Seidel, 2007, S. 65).

Eine Koppelung der Beschwerdeabwicklung an den Kundenwert ist schwer möglich, weil jeder Kunde das Recht hat, gehört zu werden. Benachteiligung von nicht profitablen Kunden birgt die Gefahr, dass sie ihren Unmut bereitwillig weitererzählen und es zu einem negativen Effekt für das Unternehmen kommt. Gäbe es eine am Kundenwert ausgerichtete Vorgehensweise bei Beschwerden, dann müsste darauf geachtet werden, dass diese Differenzierung nicht kommuniziert wird, weil das zu einer Verstimmung der anderen Kunden führen würde (vgl. Stauss/Seidel, 2007, S. 259f.).

Der ökonomische Erfolg ist auch von den Kosten der Beschwerden abhängig. Eine Untersuchung unter den größten deutschen Unternehmen im Bereich B2C kommt jedoch zum Ergebnis, dass über 70% angeben, dass sie die Kosten für eine bearbeitete Beschwerde nicht kennen (vgl. Stauss/Schöler, 2003, S. 14).

Die Theorie-Kapitel lieferten Hintergründe und Einblicke in das Themengebiet rund um die Kundenbeziehung und die Kundenloyaliät. Aufbauend darauf folgt nun der empirische Teil, in welchem die praktische Relevanz erhoben wird und gewonnene

Erkenntnisse in eine Empfehlung für eine strukturierte Vorgangsweise zur Erhöhung der Kundenloyaliät einfließen sollen.

In der Theorie werden Angaben zur Kundenloyalität gemacht, jedoch fehlt ein konkreter Leitfaden. Eine empirische Erhebung bei Unternehmensberatern wird aus diesem Grund erstellt, um aktuelle Erkenntnisse vom Markt zu gewinnen. Es wird erhoben, welche Bedeutung Kundenloyalität in der Praxis hat und ob Maßnahmen für eine strukturierte Vorgangsweise für eine bessere Kundenloyalität generiert werden können.

4. Quantitative Erhebung

Die vorliegende Arbeit stellt eine empirische Aufarbeitung dar, die auf die bestehende Theorie aufbaut. Die Entscheidung für eine quantitative Untersuchung wurde getroffen, weil messbar dargestellt werden soll, wie dieses Thema in der Praxis umgesetzt wird.

Die für die Untersuchung notwendigen Daten können entweder aus bereits vorhandenen Daten entnommen, durch Dritte beschafft oder wie im vorliegenden Fall selbst erhoben werden. Die Datenanalyse dieser Masterthesis stellt somit eine Primäranalyse dar. (vgl. Bortz/Döring, 2006, S. 369f.).

Die Erhebung soll über den Umgang mit dem Themenbereich Kundenloyalität in der Praxis Auskunft geben. Es war nicht die Absicht, den Zugang zur Kundenloyalität in einer bestimmten Branche zu hinterfragen, sondern undifferenziert in B2B wie auch in B2C Geschäftsfeldern Einblick zu bekommen.

Aufgrund dieser Ziele eröffnet die Befragung von Unternehmensberatern, die Kunden über mehrere Branchen hinweg beraten und im Bereich B2B, wie auch B2C unterstützen, einen interessanten Ansatz, um die Theorie mit der Empirie abzugleichen.

Eine Befragung von Unternehmen direkt war im Zuge dieser Arbeit nicht vorgesehen, weil die Außenwahrnehmung und die Beobachtungen der Berater analysiert werden sollten. Als Mittel zur Umfrage wurde ein Online Fragebogen verwendet, da auf diese Weise eine große Menge an potenziellen Teilnehmern sehr rasch angesprochen werden kann, und die erhaltenen Daten entsprechend ausgewertet werden können. Der Online-Fragebogen gibt den Teilnehmern die Möglichkeit anonym und daher auch kritisch Feedback zu geben. Ein persönliches Interview wurde aus diesem Grund nicht in Erwägung gezogen, weil das eventuell zu gefälligen oder allgemein erwarteten Antworten geführt hätte.

Wie der Entscheidungsprozess für die Methode abgelaufen ist, wird im nächsten Unterkapitel beschrieben.

4.1 Forschungsdesign

Die Theorie liefert Einblicke in das Forschungsthema, welches nun empirisch überprüft werden soll. Die aus der Literatur herausgearbeiteten Informationen sollen hinsichtlich ihrer Aktualität geprüft werden, da wir uns in einem sich rasch verändernden Umfeld bewegen. Zuerst gilt es zu hinterfragen ob die Forschungsfrage Neuland betritt oder ob hier bestehendes Wissen überprüft werden soll. Die Forschungsfrag dieser Arbeit erforscht ein neues Gebiet, da eine konkrete Reihenfolge der Maßnahmen zur Erhöhung der Kundenloyalität bislang nicht erforscht wurde (vgl. Bortz/Döring, 2006, S. 49f.).

Für eine explorative Untersuchung eignen sich die nachfolgenden Forschungsmethoden. Eine **offene Befragung** von Personen ist eine Methode, welche durch biographische oder narrative Interviews durchgeführt werden kann. Ein andere Möglichkeit ist die Befragung von Gruppen in Form von Gruppendiskussionen. In einer **Feldbeobachtung** kann das Verhalten von Menschen in ihrem gewohnten Umfeld untersucht werden und Erkenntnisse auch durch Rollenspiele gewonnen werden. Bei einer **Aktionsforschung** haben Teilnehmer die Möglichkeit gleichberechtigt mit Wissenschaftlern an konkreten Problemstellungen zu arbeiten. Wenn Beobachtungen entweder selbst oder durch andere erfolgen, kann eine **Analyse von Einzelfällen** durchgeführt werden, die dann aggregiert werden vgl. Bortz/Döring, 2006, S. 50f.). Bei nonreaktiven Messmethoden treten Beobachter und Objekt nicht miteinander in Berührung, sodass es hier zu keiner Beeinflussung kommen kann. Beispiele hierfür sind physische Spuren, Schilder, Hinweistafeln, Bücher oder Zeitschriften, die genannt werden oder auch Symbole in Form von Stickern oder Abzeichen, die getragen werden vgl. Bortz/Döring, 2006, S. 325).

Die populationsbeschreibende Untersuchung untersucht die definierte Grundgesamtheit hinsichtlich bestimmter Merkmale. Hier kommen Stichproben zur Anwendung, da eine Vollerhebung oft nicht möglich ist. Diese Methode nutzt Vorinformationen aus der Literatur, um die Untersuchungen konkreter anzuwenden. Die vorliegende Arbeit ist eine populationsbeschreibende Untersuchung. Besonderheiten zur Stichprobe werden im nächsten Kapitel (4.1.1 Stichprobe) besprochen (vgl. Bortz/Döring, 2006, S. 51).

Die gewählte Stichprobe besteht aus Betriebsberater von Wien und Niederösterreich. Alle Firmen die hier in Frage kommen wurden kontaktiert, wodurch eine Randomisierung vorgenommen wurde. Da hier keine willkürliche Auswahl getroffen wurde sondern alle Unternehmensberater aus dem Gebiet angefragt wurden, ist diese Vorgangsweise eine experimentellen Untersuchung. Wird die Randomisierung nicht vorgenommen, wäre das eine quasi-experimentelle Untersuchung (vgl. Bortz/Schuster, 2010, S. 8).

Um die Erfahrungen der Betriebsberater zu erheben soll eine Befragung durchgeführt werden. Eine Befragung ist die am meisten angewandte Methode in den Sozialwissenschaften. Hier ist die Entscheidung zwischen einer mündlichen und einer schriftlichen Befragung notwendig. Die Entscheidung für die schriftliche Befragung ist auf mehrere Argumente zurückzuführen. Ein Argument ist die Empfindung, dass eine schriftliche Beantwortung anonymer ist. Teilnehmer sind dann eher gewillt ehrlicher zu antworten und setzen sich mit der Problematik intensiver auseinander. Speziell bei Betriebsberatern, die gegen Ende des Jahres (Zeitpunkt der Erhebung) noch Geschäftsabschlüsse tätigen wollen, ist mit Zusagen zu mündlichen Befragungen nicht zu rechnen. Schriftliche Fragebögen können die Teilnehmer zeitlich ungebunden ausfüllen. Ein weiteres Argument ist die Gewinnung von möglichst vielen Teilnehmern. Zusätzlich sind die schriftlichen Fragebögen standardisiert und die Teilnehmer sind dadurch keinen persönlichen Beeinflussungen ausgesetzt. Ein wesentlicher Vorteil von schriftlichen Befragungen ist die Ansprache von vielen potentiellen Teilnehmern in kurzer Zeit. Der postalische Weg hat aufgrund der Streuverluste und den Vorteilen der digitalen Versendung und Rücksendung das Nachsehen. Die Entscheidung fiel daher für eine Befragung in schriftlicher Form und durch digitale Versendung (vgl. Bortz/Döring, 2006, S. 236f.).

Für diese Untersuchung wurde eine quantitative Erhebung ausgewählt. Quantitative Untersuchungen haben eine positive Auswirkung auf die Reliabilität (vgl. Balzer/Schröder/Schäfer, 2013, S. 272). Eine hohe Reliabilität bedeutet, dass auch andere Personen, wenn sie bei wiederholter Untersuchung mit denselben Messinstrumenten messen, zu denselben Ergebnissen kommen. (vgl. Balzer/Schröder/Schäfer, 2013, S. 26).

Das Untersuchungsdesign sieht am Beginn eine eingehende Literaturrecherche vor. Aufgrund dieser Recherche werden in der Folge Hypothesen postuliert. Anschließend werden stichprobenartige Erhebungen in der Form eines Online-Fragebogens durchgeführt, die durch die Anwendung statistischer Verfahren ausgewertet werden. Anhand der Ergebnisse werden dann die Hypothesen überprüft, was dazu führt, dass Behauptungen bestätigt oder verworfen werden. Ergebnisse aus der Hypothesenüberprüfung und aus dem Feedback aus dem Fragebogen fließen in die Beantwortung der zentralen Frage der Master Thesis ein.

Eine Hypothese trifft Aussagen oder Folgerungen, welche auf theoretischen Erkenntnissen beruhen. Mit Hypothesen sollen über den bisherigen Kenntnisstand hinaus Untersuchungen angestoßen werden, wobei die getätigten Aussagen nicht zwangsläufig mit der Theorie übereinstimmen müssen. Alternativhypothesen stellen Behauptungen auf, die bisheriges Wissen erweitern sollen. Alternativhypothesen können gerichtet oder ungerichtet formuliert werden. Eine gerichtete Alternativhypothese unterstellt eine Abhängigkeit von Variablen in eine bestimmte Richtung, während eine ungerichtete Alternativhypothese nur die Abhängigkeit postuliert. Zusätzlich zu der Alternativhypothese postuliert die Nullhypothese das

Gegenteil der Alternativhypothese, dass der in der Alternativhypothese vermutete Unterschied nicht besteht (vgl. Bortz/Schuster, 2010, S. 97f.).

In der vorliegenden Arbeit werden ausschließlich Alternativhypothesen formuliert. Es handelt sich bei allen sechs Hypothesen konkret um gerichtete Alternativhypothesen. Diese Hypothesen werden durch eine Stichprobe überprüft.

4.1.1 Stichprobe

Eine Grundgesamtheit ist durch ein gemeinsames Merkmal gekennzeichnet. Eine Stichprobe beschreibt eine Teilmenge aus der davor definierten Grundgesamtheit (vgl. Bortz/Schuster, 2010, S. 79). Stichproben werden für die Überprüfung von Hypothesen verwendet (vgl. Bortz/Döring, 2006, S. 396). Stichproben können unterschiedlich definiert werden. Eine Zufallsstichprobe wird gezogen, wenn über die zu untersuchenden Merkmale nichts bekannt ist. Bei einer Klumpenstichprobe wird auf zufällig ausgewählte Gruppen untersucht, die bereits vorgruppiert wurden (vgl. Bortz/Schuster, 2010, S. 80f.).

Eine geschichtete Stichprobe ist dann gegeben, wenn die Population nach einem Merkmal gruppiert wird, welches mit dem untersuchten Merkmal in starkem Zusammenhang steht. (Vgl. Bortz/Döring 2006 S 396). Die Stichprobe dieser Arbeit fällt in keine der bisher genannten Arten von Stichproben, da die Auswahl nicht zufällig erfolgte. Eine erste Eingrenzung wurde bewusst auf Unternehmensberater in Wien und Niederösterreich gemacht, was einer AD-hoc Stichprobe entspricht welche zur Gruppe der nicht-probabilistischen Stichproben zählt (vgl. Bortz/Schuster, 2010, S. 82).

Als Grundgesamtheit (Population = N) wurden die Unternehmensberater Österreichs definiert. Die Unternehmensberater stellen somit die Untersuchungsobjekte dar, die Erkenntnisse zum Thema Kundenloyalität liefern (vgl. Bortz/Döring, 2006, S. 737). Der Stichprobenumfang (n) beschreibt die Anzahl der Objekte, die in der Stichprobe vorkommen und ist in dieser Untersuchung mit 71 beziffert (vgl. Bortz/Döring, 2006, S. 739).

Die Auswahl der Teilnehmer erfolgte durch Selektion innerhalb der Herold Datenbank nach zwei Kriterien:

1. Unternehmensberater mit Niederlassungen in Wien bzw. Niederösterreich

2. E-Mailadresse ist verfügbar

Den beschriebenen Einschränkungen liegen folgende Überlegungen zugrunde: Die lokale Eingrenzung auf Wien und Niederösterreich wurde deshalb getroffen, weil hier lt. Auskunft der WKO (Wirtschaftskammer Österreich) eine sehr große Firmenansiedelung festzustellen ist. Wie aus der nachfolgenden Grafik (Abbildung 16) erkennbar ist, sind 44 Prozent aller Firmen in Österreich in diesen beiden Bundesländern positioniert.

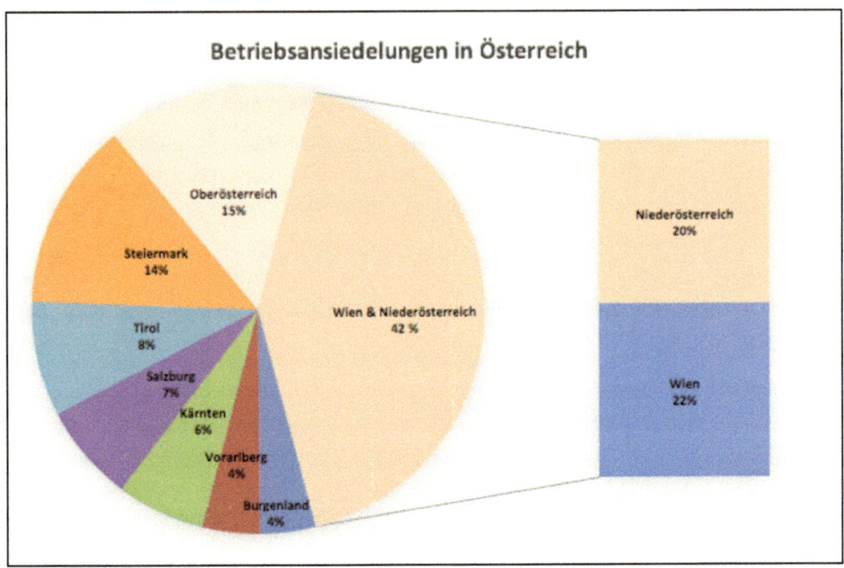

Abbildung 16: Firmenniederlassungen - Bundesländervergleich
(Quelle: Eigene Darstellung. WKO/ Hombauer, 2016, o.S.)

Der Fokus wurde auf Unternehmensberater gelegt, weil diese Berufsgruppe mit Themen, die in Zusammenhang mit der Kundenbeziehung stehen, in Beratungsgesprächen konfrontiert ist, und somit Einblick in die Praxis vorweisen kann.

Die Grundvoraussetzung für eine Tätigkeit als Unternehmensberater ist die Erfüllung der Zugangsvoraussetzungen für dieses Gewerbe. Es wird angenommen, dass fundierte betriebswirtschaftliche und wirtschaftsrechtliche Kenntnisse vorhanden sind. Darüber hinaus verfügen Unternehmensberater über das entsprechende Berater-Know-How wie Analyse- und Diagnosefähigkeit sowie Prozesssteuerungsfähigkeiten. Alle diese Kompetenzen müssen nachgewiesen sein (vgl. WKO, 2016, https://www.wko.at/Content.Node/branchen/oe/sparte_iuc/Unternehmensberatung-und-Informationstechnologie/Unternehmensberatung/Unternehmensgruendung.html, Stand vom 12.03.2016.).

Aufgrund dieser Kernkompetenzen und darüber hinaus noch Spezialisierungen auf Loyalitätsberatung einiger Unternehmensberater, wurde diese als Sample in der vorliegenden Arbeit ausgewählt.

Die zweite Einschränkung in der Herold-Datenbank war eine angegebene E-Mailadresse, die für die Zusendung der Online-Umfrage Voraussetzung ist.

Da Kundenloyalität nur ein Faktor von Vielen ist, der zu einer Performancesteigerung beitragen kann, gab es natürlich Teilnehmer an der Befragung, für die Kundenloyalität als Beratungsthema keine Bedeutung hat. Diese Gruppe wurde in der Befragung nicht berücksichtigt, weil Personen mit einer Expertise zum Thema Kundenloyalität in dieser Befragung bevorzugt werden. Der strukturierte Aufbau der Befragung sieht vier thematische Blöcke vor.

4.1.2   Fragebogendesign

Die Zusammenstellung eines Fragebogens erfordert eine intensive Vorbereitung. Es wird zwar empfohlen auf bereits entwickelte Fragebögen zurückzugreifen, aus Gründen der Untersuchung eines neuen Themas, welches speziell untersucht wird, wurde hier ein völlig neuer Fragebogen ohne Anleihen entwickelt (vgl. Bortz/Döring, 2006, S. 253).

Bei der Konstruktion von Fragebögen ist auf die Sprachgewohnheiten der Zielgruppe Rücksicht zu nehmen. Im ersten Schritt sollen relevante Fragen gesammelt werden, wobei darauf zu achten ist, dass Redundanzen vermieden werden. Im nächsten Schritt sollen die Fragen in Themengebiete kategorisiert werden. Auf diese Weise wird ein Überblick gewahrt und fehlende Themen können erkannt werden. Offene Fragen sollen weitgehend vermieden und stattdessen vorgefertigte Antworten zur Auswahl gestellt werden. Bei längeren Fragebögen ist es empfehlenswert für Abwechslung zu sorgen, was durch eingestreute offene Fragen möglich ist. Grundsätzlich werden geschlossenen Fragen bevorzugt. Diese Fragen sind in der Folge auch einfacher durch computerunterstützte Analyse auszuwerten. Die Durchdringung portabler Rechner begünstigt diese Befragungsmethode. Offene Fragen werden von Teilnehmern oft abgelehnt, weil sie sich vor Rechtschreibfehlern oder stilistischen Falschformulierungen fürchten und daher eher knapp und unpräzise antworten. Bei der Fragestellung ist außerdem darauf zu achten, dass die Formulierungen keine Wertungen enthalten. Fragen, deren Antwort von vornherein von allen Teilnehmer gleich beantwortet werden, sind zu vermeiden (z. b. wollen Sie mehr Erfolg erzielen?). Bei der Formulierung soll darauf geachtet werden, dass eine Fehlinterpretation so gut als möglich ausgeschlossen werden kann. Generalisierende Ausdrücke wie „immer", „nie" usw. sollen vermieden werden, weil Teilnehmer solche Formulierungen nicht realistisch empfinden (vgl. Bortz/Döring, 2006, S. 253ff.).

Für die Verteilung des Fragebogens für diese Arbeit wurde ein Link zum Online-Fragebogen per E-Mail an das relevante Sample verschickt. Jeder Teilnehmer konnte den Link nur einmal für sich verwenden. Eine Weitergabe war technisch ausgeschlossen.

Der erste Block des Fragebogens beleuchtet die grundsätzliche Einstellung der Berater zum Thema Kundenloyalität. Im folgenden Block wird ein ganzer Themenpool betrachtet, in dem Informationen zu Stammkunden, Mitarbeitern, möglichen Maßnahmen zur Verbesserung der Loyalität und die Bedeutung der CRM-Software zusammengefasst sind. Der dritte Block widmet sich dem Thema Messen von Loyalität und im letzten Block werden Fragen zur Person aufgenommen.

Vor dem Start der Untersuchung wurde ein Pretest durchgeführt. Der Fragebogen wurde zu diesem Zweck an drei Testpersonen geschickt, die Erfahrung mit dem Thema Kundenloyalität vorweisen konnten. Ziel des Pretests war, eine Beschreibung von anderen Personen über die Wahrnehmung beim Ausfüllen des Fragebogens zu bekommen. Die Herausforderung war die Reduzierung der Fragen auf das Wesentlichste, damit die Teilnehmer die Lust nicht verlieren und den Fragebogen abbrechen. Dementsprechend sollte der Pretest Auskunft über Zumutbarkeit der Dauer des Fragebogens, die Erkennbarkeit des roten Fadens, und mögliche technische Fehler liefern. Darüber hinaus war es wichtig zu erfahren, ob die Fragen klar formuliert sind und die Teilnehmer widerspruchsfrei erkennen, was sie machen sollen.

Aufgrund des Pretests wurden in der Folge Optimierungen am Fragebogen vorgenommen. Einige Fragen waren nicht klar formuliert und wurden entsprechend angepasst. Wie sich herausstellte waren redundante Fragen enthalten, die genauso entfernt wurden, wie Fragen, die zu weit vom eigentlichen Thema entfernt waren. Der ursprüngliche Fragebogen musste generell etwas verkürzt werden, und die Anzahl der offenen Fragen wurde auf einige wenige reduziert. Technische Fehler, wie eine fehlgeleitete Verlinkung, wurden entdeckt und korrigiert. Die Summe der Verbesserungen bewirkte eine qualitative Aufwertung. Um das Interesse der Unternehmensberater zu wecken, wurde im Einleitungsschreiben auf die Chance hingewiesen, dass der Fragebogen als Ideenlieferant für die Berater einen potenziellen Nutzen stiften könnte.

Vor der Online-Befragung wurden Hypothesen aufgestellt, die durch die Ergebnisse der Antworten überprüft werden.

4.2 Hypothesenableitung

In diesem Kapitel werden die aufgestellten Hypothesen dargestellt und der Bezug zur Literatur hergestellt. Informationen über theoretische Modelle sollen hinterfragt, und mit Erkenntnissen von Unternehmensberatern abgeglichen werden. Es stellt sich die Frage, ob Berater nach den Angaben der Literatur handeln oder auch Faktoren wie die Größe von Unternehmensberatungsfirmen oder die Berufserfahrung einzelner Berater eine Rolle bei der Beratung spielen. Weitern ist zu hinterfragen, ob Kunden zum Thema Kundenloyalität aufgrund der Größe einer Beratungsfirma oder aufgrund von Berufserfahrung einzelner Berater differenziert beraten werden. Von Interesse ist die Bedeutung, welch Unternehmensberater einer CRM-Software geben. Es soll ferner abgeklärt werden, wie aktiv Firmen mit dem Kundenwert arbeiten. Die Rolle der Mitarbeiterloyalität soll im Bezug zur Kundenloyalität beleuchtet werden. Zusätzlich soll geklärt werden welche Kundenbeziehungsmaßnahmen in der Praxis angewandt werden. Die Fragen sollen durch Hypothesen verifiziert werden. Erkenntnisse sollen in der Folge dafür verwendet werden, um eine Vorgangsweise für die Umsetzung einer Kundenloyalitätsstrategie zu erstellen.

Das Hypothesenmodell dieser Arbeit stellt sich daher wie folgt (Abbildung 17) dar:

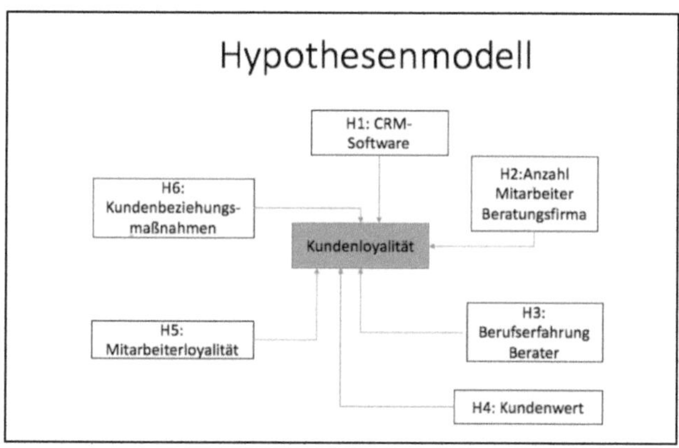

Abbildung 17: Hypothesenmodell

Die unterschiedliche Verwendung des Begriffes CRM (Customer Relationship Management) führt laut Literatur häufig dazu, dass nur die technische Informationslehre des CRM betrachtet wird, obwohl das Kundenbeziehungsmanagement (CRM) sehr viel mehr beinhaltet. Firmen, die aus der

Implementierung von CRM ein IT Projekt machen, laufen Gefahr, dass sie das Management der Kundenbeziehung aus den Augen verlieren und solche Projekte letztendlich nicht erfolgreich verlaufen (vgl. Homburg, 2012, S. 513 und Krafft/Götz, 2011, S. 238).

Es stellt sich die Frage, ob in der Praxis auch von den Unternehmensberatern eine CRM Software als schnelle und effektiv Lösung angeboten wird. Daher lautet die erste Hypothese:

Hypothese1: Die Implementierung einer CRM Software wird häufig als erster Ansatz für die Verbesserung von Loyalität empfohlen.

Kundenloyalität wird aufgrund der vielen Einflussfaktoren als komplexes Thema eingestuft. Selbst ein zufriedener Kunde wird beim Kauf von vielen Faktoren beeinflusst (vgl. Kumar/Reinartz, 2012, S. 61). Es stellt sich die Frage, ob es sich nur große Beratungsfirmen leisten können, Experten für ein solches Thema abzustellen, während sich kleinere Firmen auf Themen stürzen, die rasch und einfach zu erklären, umzusetzen und zu messen sind. Kundenloyalität könnte somit als sehr aufwändig betrachtet werden und dadurch ein Nischenthema für Experten in großen Firmen sein.

Die Hypothese 2 lautet:

H2: Je weniger Mitarbeiter eine Beratungsfirma hat, desto eher wird Kundenloyalität nicht empfohlen.

Ein weiterer Schlüsselindikator für die Beratung zum Thema Kundenloyalität könnte die Berufserfahrung des Beraters sein. Mitarbeiterloyalität (siehe Kapitel 3.5) wird in der Literatur als Faktor für die Beeinflussung der Kundenloyalität genannt. Ändert sich der Zugang der Berater aufgrund zunehmender Berufserfahrung und spielt Mitarbeiterloyalität aus Sicht der Berater am Beginn der Beratertätigkeit noch eine untergeordnete Rolle?

Die Hypothese 3 lautet:

H3: Je mehr Berufserfahrung ein Berater hat, desto höher ist die Mitarbeiterloyalität als mögliche Maßnahme zur Steigerung der Kundenloyalität gerankt.

Aus der Literatur gibt es eine unterschiedliche Definitionen des Kundenwertes (vgl. Bruhn/Hadwich/Georgi, 2010, S. 706). Kunden können als ein wesentlicher Bestandteil des Vermögens gesehen werden (vgl. Wiesel/Skiera, 2007, S. 707). Die Betrachtung des Kundendwertes kann in die Vergangenheit oder in die Zukunft gerichtet sein (vgl. Bruhn/Hadwich/Georgi, 2010, S. 706f.). Zu welchem Zweck messen Firmen den Kundenwert? Weil Sie den Wert ihres Vermögens feststellen wollen oder zum Steuern der Kundenzufriedenheit?

Die Hypothese 4 lautet:

> H4: Wenn Kundenunternehmen den Kundenwert messen, dann nicht für die Steuerung der Kundenzufriedenheit.

Mitarbeiterloyalität hat in der Literatur einen positiven Einfluss auf die Kundenloyalität und auf den Unternehmenserfolg (vgl. Scharnbacher/Kiefer, 2003, S. 6f. und Homburg/Bruhn, 2010, S. 18).

Kumar/Reinartz gehen auf die Zusammenhänge von Kundenloyalität und Unternehmenserfolg, wie unten dargestellt, ein.

Abbildung 18 zeigt die notwendigen Voraussetzungen für Kundenzufriedenheit, Loyalität und letztlich Gewinn.

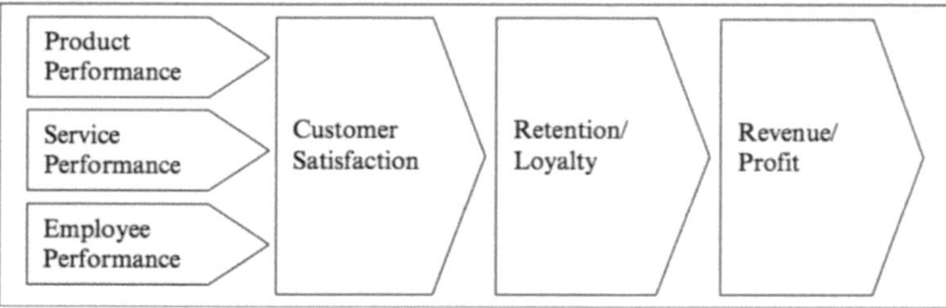

Abbildung 18: The satisfaction–loyalty-profit chain
(Quelle: Anderson/Mittal, 2000, S. 107; zitiert nach: Kumar/Reinartz, 2012, S. 25.)

Wie in der Darstellung ersichtlich, ist die Leistung der Mitarbeiter ein bedeutender Faktor, der über die Kundenzufriedenheit zur Kundenloyalität und letztlich zum Erfolg führt. Es stellt sich die Frage, ob dieser Zusammenhang auch in der Praxis gesehen wird.

Die Hypothese 5 lautet daher:

> H5: Es wird kein positiver Zusammenhang zwischen Mitarbeiterloyalität und Kundenloyalität gesehen.

Björn Kahler streicht heraus, dass die Kundenrentabilität sich massiv verbessern kann, wenn die durchschnittliche Kundenbindung nur leicht verbessert werden kann. Die Erklärung dafür ist, dass der Stammkundenanteil gemessen am Gesamtkundenpool sehr klein ist, aber angelehnt an die Pareto-Regel einen sehr hohen Anteil am Erlös hat (vgl. Kahler, 2009, S. 45).

Aufgrund der Bedeutung der Stammkunden soll die Wirkung von Kundenbeziehungsmaßnahmen hinterfragt werden.

Die H6 lautet:

> H6: Firmen, die aktiv Kundenbeziehungsmaßnahmen einsetzen, haben einen höheren Anteil an Stammkunden als jene die keine aktive Kundenbeziehungsmaßnahmen einsetzen.

Im Fragebogen sind Fragen eingesetzt, die Rückschlüsse auf die aufgestellten Hypothesen erlauben aber auch Fragen, die grundsätzliche Einblicke zur Erfahrungen im Umgang mit dem Thema Kundenloyalität liefern.

5. Analyse der Ergebnisse

Der Fragebogen wurde ausgesendet am 13.November 2015. Für eine Beantwortung wurde ein Zeitraum von vier Wochen zugestanden. Die Ergebnisse konnten thematisch in drei Hauptgruppen zusammengefasst werden.

1. Einschätzung der Berater zum Thema Loyalität
2. Fragen zu einem Themenpool betreffend Stammkunden, Mitarbeiter, Unternehmenserfolg, Maßnahmen und CRM-Software
3. Fragen zur Person

Die Daten wurden erfasst, und entsprechend aufbereitet und ausgewertet. Für die Auswertung wurden die relevanten statistischen Methoden herangezogen. Diese Methoden werden in deskriptive Statistik, explorative Statistik und Inferenzstatistik unterteilt. Mit dem Softwareprogramm SPSS wurde die Auswertungen durchgeführt.

Zuerst wurden sämtliche Fragebögen mit SPSS grundsätzlich analysiert. Fragebögen, welche nicht abgeschlossen wurden, waren nicht verwendbar und wurden somit ausgeschlossen. Teilnehmer, die keine Beratung zum Thema Kundenzufriedenheit und Kundenloyalität anbieten, wurden sofort zum Ende des Fragebogens geführt, erreichten somit auch den Status „abgeschlossen" und müssen ebenfalls ausgeklammert werden.

5.1 Darstellung der Ergebnisse

Bei der Analyse der Daten sollen vorrangig die aufgestellten Hypothesen überprüft werden. Abgesehen von den Hypothesen konnten durch den Fragebogen auch zusätzliche Erkenntnisse gewonnen werden, die im Kontext der Kundenbeziehung und der Kundenloyalität von Bedeutung sind und daher angeführt werden.

Aus dem Fragebogen geht hervor, dass Unternehmensberater zwischen Kundenzufriedenheit und Kundenloyalität unterscheiden. Abbildung 19 zeigt dieses klare Verhalten.

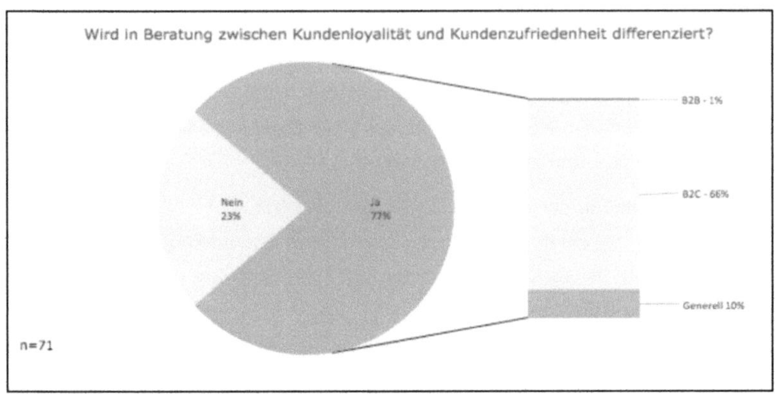

Abbildung 19: Differenzierte Beratung bei Kundenloyalität und Kundenzufriedenheit

Sie geben auf die offene Frage nach dem Unterschied zwischen zufriedenen und loyalen Kunden bereitwillig und ausführlich Auskunft. Bei der Analyse der Antworten konnten drei Haupteigenschaften für loyale Kunden festgemacht werden. Die Berater geben an, dass loyale Kunden die Firma oder das Produkt weiterempfehlen, dass sie Fehler verzeihen ohne sich sofort abzuwenden, und dass sie Folgeaufträge tätigen. Diese Gründe erhielten nahezu die gleiche Punkteanzahl (14/13/13).

Die folgende Übersicht (Abbildung 20) gibt Einblicke in Erfahrungen, die Unternehmensberater bei der Beratung zum Thema Loyalität machen.

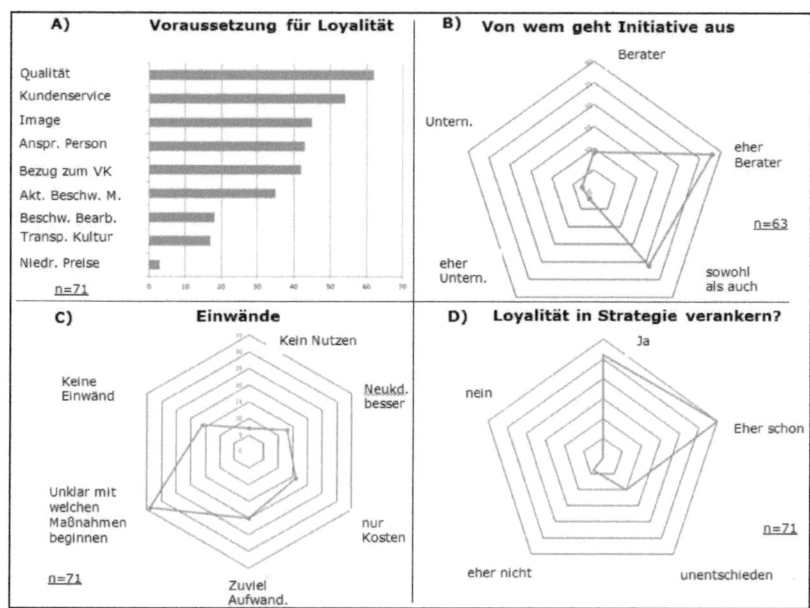

Abbildung 20: Patchwork Abbildung Thema Kundenloyalität

In Abbildung 20A kommt klar zu Vorschein, dass die Grundvoraussetzung für eine stabile Kundenbeziehung eine entsprechende Qualität, gepaart mit einem guten Kundenservice ist. In der Beratung wird Kundenloyalität nach wie vor eher von Beratern (siehe Abbildung 20B) initial angesprochen. Im Zuge von Beratungsgesprächen werden Einwände seitens der Unternehmen wahrgenommen, die zumeist auf die Unsicherheit zurückzuführen sind, in welcher Reihenfolge Maßnahmen für eine gesteigerte Kundenloyalität eingeleitet werden sollen (siehe Abbildung 20C).

Diese Auskunft bestätigt die Annahme, dass Unternehmen dem Thema Kundenloyalität große Bedeutung beimessen, aber bei der Umsetzung von Maßnahmen Schwierigkeiten sehen, die geeigneten ersten Schritte zu setzen. Große Einigkeit ist dann erkennbar, wenn es darum geht die Kundenloyalität in der Firmenstrategie zu verankern, wenn erst der Entschluss gefasst ist, aktive Maßnahmen für die Kundenloyalität in Angriff zu nehmen (siehe Abbildung20D). Diese Erkenntnis soll daher in der Empfehlung für eine strukturierte Vorgangsweise berücksichtigt werden.

Unternehmensberater geben an, dass es schwieriger geworden ist, loyale Kunde zu gewinnen. Als Hauptgrund wird das Internet und die damit verbundenen Möglichkeiten des Kunden zum Vergleichen angeführt. Beinahe die Hälfte der Berater (45%) sind der

Meinung, dass es vor allem im B2C Bereich schwieriger geworden ist, loyale Kunden zu gewinnen. Als Gründe dafür werden der stärkere Wettbewerb und die Transparenz am Markt genannt. Im B2B sind hingegen nur 15% der Meinung, dass es schwieriger geworden ist. Wenn es gelingt, die Loyalität des Kunden zu gewinnen, können Unternehmen darauf vertrauen, dass die Kunden nicht leichtfertig zur Konkurrenz wechseln, selbst wenn es geringfügige Preisvorteile mit sich bringt. Im Fragebogen wir das durch einen Medianwert von vier bei einem Maximum von fünf belegt.

Trotz der Schwierigkeiten beim Gewinnen von loyalen Kunden sehen Unternehmensberater Stammkunden als Potenzial. Sie schätzen die Kosten für Neukundengewinnung um bis zu 10-mal höher ein, als für die Stammkundenbetreuung. Im Bezug auf die Vorteile die durch Stammkunden erwachsen sind Cross-Selling und mehr Ertrag häufig genannte Faktoren, der wichtigste Effekt durch Stammdaten ist laut Unternehmensberater aber die bessere Planbarkeit welche durch stabile Kundenbeziehungen ermöglicht wird. Der Stammkundenanteil in den Unternehmen wird von den Beratern mehrheitlich im Bereich zwischen 61 und 80 Prozent gesehen (siehe Abbildung 21). Zwischen 61 und 80 Prozent Stammkundenanteil haben demnach die meisten Unternehmen im Durchschnitt sowohl im B2B, wie auch im B2C Bereich. Im B2B-Bereich fällt die Zustimmung für 61-80 Prozent sogar sehr ausgeprägt aus.

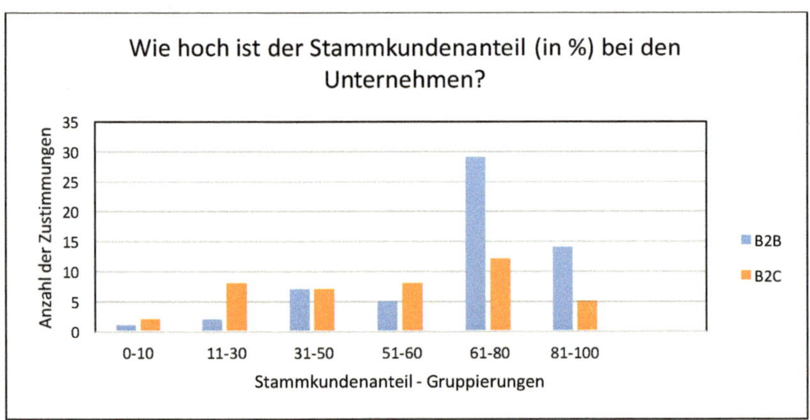

Abbildung 21: Anteil Stammkunden

Im Bereich B2B ist hier eine viel deutlichere Einigkeit festzustellen. Die Berater nennen den Bereich zwischen 61 und 80 mit überwältigender Mehrheit als den Bereich der als Stammkundenanteil bei ihren Kunden angenommen wird.

Aus dieser Grafik ist auch ablesbar, dass im B2B Bereich der Stammkundenanteil tendenziell höher eingeschätzt wird.

Für die Interpretation der Ergebnisse sollen einige Informationen über die Teilnehmer des Fragebogens beitragen. Die teilnehmenden Unternehmensberater sind im Mittel 49 Jahre alt und zu ¾ männlich. Die Betriebsgröße sowie das geografische Betätigungsfeld der Unternehmensberater sind in Abbildung 22 ersichtlich.

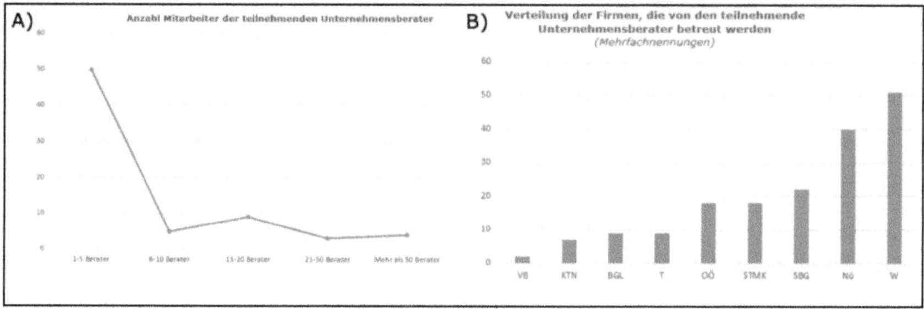

Abbildung 22: Die Betriebe der teilnehmenden Unternehmensberater

Für die Auswertung ist es sehr förderlich, dass neben den Betrieben mit bis zu fünf Mitarbeitern, die klar die Mehrheit ausmachen, auch Betriebe mit sehr vielen Beratern (mehr als 20 und auch mehr als 50) involviert sind. Aufgrund der Selektion der Teilnehmer auf die Bundesländer Wien und Niederösterreich ist die Beratungstätigkeit in diesen Bundesländern erwartungsgemäß am höchsten. Im Fragebogen gab mehr als die Hälfte der Teilnehmer (57,5%) an, dass sie auch Beratungstätigkeit außerhalb Österreichs durchführen. Auf diese Weise fließt auch ein internationales Know-How in die Antworten mit ein.

Die Tabelle 1 zeigt, dass die Verteilung hinsichtlich der Berufserfahrung als Unternehmensberater bis zu dem Zeitraum von 15 Jahren ziemlich ausgeglichen ist. Die Gruppe der Berater mit mehr als 15 Jahren Berufserfahrung stellt mit 26 Personen (=36,6 %) sogar die Mehrheit, was darauf schließen lässt, dass vor allem sehr erfahrene Berater die Entwicklung der Kundenloyalität in den Unternehmen verstärkt unterstützen.

Wie viele Berater beschäftigt Ihr Unternehmen?	Wie lange sind Sie schon als Berater tätig?				
	1-5 Jahre	6-10 Jahre	11-15 Jahre	mehr als 15 Jahre	Gesamt
1-5 Berater	11	7	12	20	50
6-10 Berater	0	3	0	2	5
11-20 Berater	0	3	3	3	9
21-50 Berater	1	1	1	0	3
Mehr als 50 Berater	3	0	0	1	4
Gesamt	15	14	16	26	71

Tabelle 1: Vergleich Anzahl Mitarbeiter und Dauer der Beschäftigung

Aus der Kreuztabelle in Abbildung 25 ist zudem ersichtlich, dass Personen mit der längsten Berufserfahrung (mehr als 15 Jahren) in kleinen Unternehmen mit bis zu fünf Beratern arbeiten.

Nachdem allgemeine Daten und Erkenntnisse ausgewertet wurden, sollen die aufgestellten Hypothesen im nächsten Schritt überprüft werden.

5.2 Hypothesen Überprüfung

Die aufgestellten Hypothesen werden nun anhand der Ergebnisse des Fragebogens untersucht und entweder bestätigt oder verworfen.

> Hypothese 1: Die Implementierung einer CRM Software wird häufig als erster Ansatz für die Verbesserung von Loyalität empfohlen.

Die Teilnehmer der Umfrage wurden konkret darauf angesprochen, welche Maßnahmen Sie zur Intensivierung der Kundenorientierung Ihren Mitarbeitern empfehlen würden. Die angeführten Begriffe sollten dabei in eine Reihenfolge gebracht werden. Bei der Auswertung wurde aufgrund der ordinalskalierten Daten der Median der einzelnen Antworten verglichen. Ein niedriger Rang entspricht großer Bedeutung. Je niedriger der Median ist, desto höher wurde der Punkt eingestuft. Abbildung 23 zeigt die Rückmeldungen in der Übersicht an.

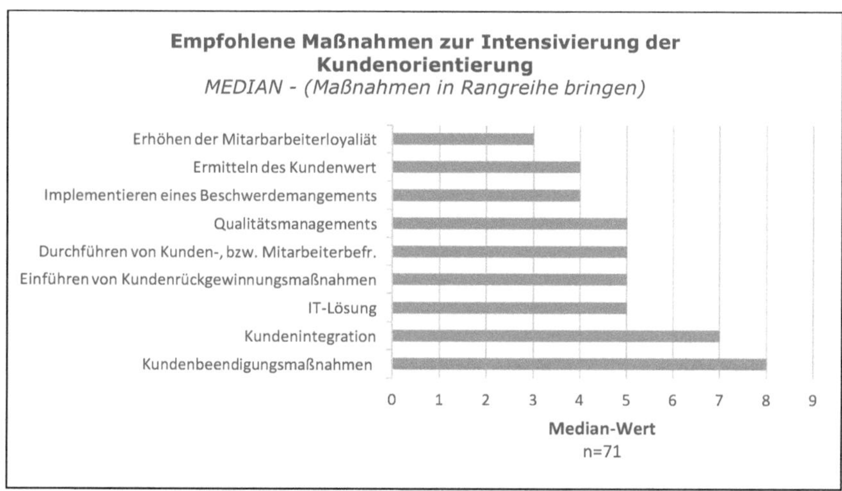

Abbildung 23: Empfehlungen der Berater

Das Ergebnis der Antworten brachte zum Vorschein, dass die Mitarbeiterloyalität die am meisten favorisierte Methode darstellt, um die Kundenloyalität zu erhöhen. Von den neuen Möglichkeiten, die zur Auswahl standen erzielten die Themen Beschwerdemanagement einführen, Ermitteln des Kundenwerts und Kunden- bzw. Mitarbeiterbefragung die weiteren Plätze. Erst danach wurde eine IT-Lösung als Mittel zum Erfolg gewählt.

Im Fragebogen ist eine Kontrollfrage eingesetzt um zu überprüfen, ob das CRM Tool bei einer anders formulierten Frage höher bewertet wird. Aber auch hier wurde das CRM-Tool nicht vorrangig gereiht, wie in Abbildung 24 erkennbar ist. In dieser Frage wurden keine Ränge, sondern Punkte vergeben, daher ist hier ein höherer Wert gleichzusetzen mit einer höheren Bedeutung.

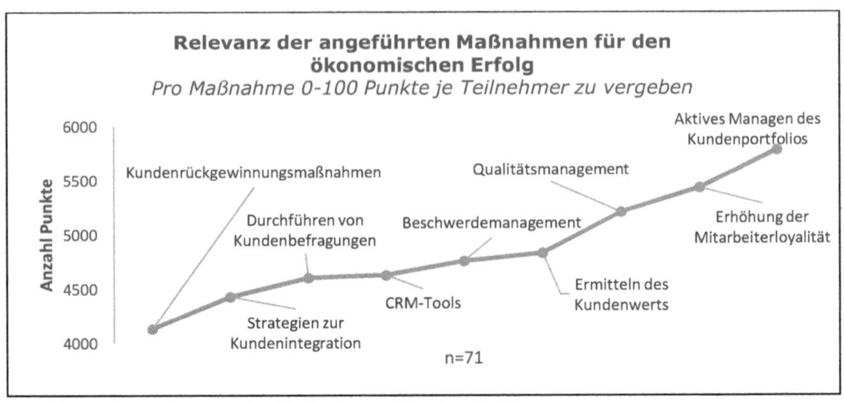

Abbildung 24: Relevanz der Maßnahmen für den Erfolg

Eine Erkenntnis aus dem Fragebogen ist ferner, dass 40% (Median) der Unternehmen bereits eine CRM-Software im Einsatz haben, die grundsätzlich als wichtig bzw. sehr wichtig für die Verbesserung der Kundenloyalität ist (66,2%). Dementsprechend sind die Berater auch bereit eine CRM-Software zur Erhöhung der Kundenloyalität zu empfehlen. Bereits 61,9 % der Kundenberater gaben an, dass es wahrscheinlich bzw. sehr wahrscheinlich ist, dass sie ein CRM-Tool im Zug der Beratung auch empfehlen.

Die Erkenntnis aus dieser Erhebung zeigt, dass ein CRM-Tool zwar als nützlich und empfehlenswert erachtet wird, aber nicht die erste Wahl der Unternehmensberater ist, wenn Sie Maßnahmen für Verbesserung der Kundenloyalität empfehlen. **Die Hypothese wird somit verworfen.**

Hypothese 2: Je weniger Mitarbeiter eine Beratungsfirma hat, desto eher wird keine CRM Software empfohlen.

Die große Mehrheit der Berater (93%) empfiehlt in der Beratung ihren Kunden Maßnahmen zur Erhöhung der Kundenloyalität einzusetzen. Die freigewählten Antworten wurden im Zuge der Auswertung in Gruppen kategorisiert (siehe Abbildung 25) und bringen zum Ausdruck, dass Kundenloyalitätsmaßnahmen empfohlen werden, weil diese den Unternehmenserfolg verbessern.

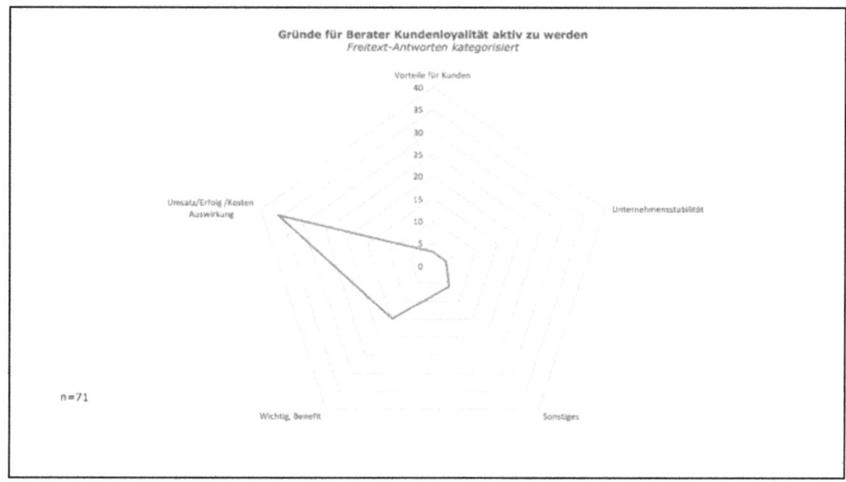

Abbildung 25: Gründe für Kundenloyalität aktiv zu werden

Die meisten Berater (70,4%), von denen der Fragebogen beantwortet wurde, sind in einem Beratungsunternehmen mit 1-5 Beratern beschäftigt. Immerhin 22,5% arbeiten in einem Unternehmen mit mehr als 11 Beratern und 5,6% in einem Unternehmen mit mehr als 50 Beratern.

Die Überprüfung einer Korrelation nach Spearman hat hier nur eine geringe Bestätigung (0,278) ergeben.

Es gibt hier eine geringe Korrelation zwischen der Anzahl der Mitarbeiter und der Empfehlungsrate für ein CRM-Tool.

Die Hypothese 2 wird daher verworfen.

Hypothese 3: Je mehr Berufserfahrung ein Berater hat, desto höher ist die Mitarbeiterloyalität als mögliche Maßnahme zur Steigerung der Kundenloyalität gerankt.

Die Verteilung der Teilnehmer betreffend ihrer Berufserfahrung als Berater zeigt in den Jahres-Gruppen bis 15 Jahre ein sehr ausgeglichenes Bild. Auffällig ist, dass die Gruppe der Berater mit mehr als 15 Jahren Erfahrung die größte Gruppe (36,6%) darstellt. Diese Tatsache ist für die Erhebung der Daten besonders wertvoll, da hier sehr viel Erfahrung widergegeben wird.

Bereits bei der Überprüfung der Hypothese 2 wurde festgestellt, dass 93% der Berater Maßnahmen zur Verbesserung der Kundenloyalität empfehlen. Mitarbeiterloyalität erhält dabei den zweithöchsten Wert wie in Abbildung 26 ersichtlich ist.

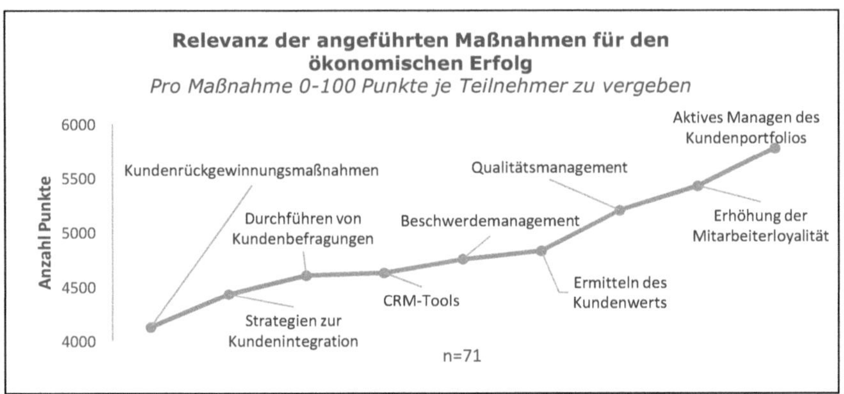

Abbildung 26: Relevanz der Maßnahmen für den ökonomischen Erfolg

Bei der Frage nach der Stärke des Zusammenhangs zwischen einer Mitarbeiterfluktuation und der Kundenfluktuation beantworten die Teilnehmer wie in Tabelle 2 dargestellt.

Wie lange sind Sie schon als Berater tätig? * Gibt es Ihrer Erfahrung nach einen direkten Zusammenhang zwischen der Mitarbeiterfluktuation und...-Bitte positionieren Sie den Schieber Kreuztabelle

			Zusammenhang zwischen der Mitarbeiter- u. Kundenfluktuation					Gesamt
			0	25	50	75	100	
Wie lange sind Sie schon als Berater tätig?	1-5 Jahre	Anzahl	0	4	6	5	0	15
			0,00%	26,70%	40,00%	33,30%	0,00%	100,00%
	6-10 Jahre	Anzahl	1	1	6	5	1	14
			7,10%	7,10%	42,90%	35,70%	7,10%	100,00%
	11-15 Jahre	Anzahl	1	3	2	9	1	16
			6,30%	18,80%	12,50%	56,30%	6,30%	100,00%
	mehr als 15 Jahre	Anzahl	0	4	9	7	6	26
			0,00%	15,40%	34,60%	26,90%	23,10%	100,00%
Gesamt		Anzahl	2	12	23	26	8	71
			2,80%	16,90%	32,40%	36,60%	11,30%	100,00%

n = 71

Tabelle 2: Zusammenhang zwischen Fluktuation Mitarbeiter und Kunden

Durch das Verschneiden der Daten aus der Einschätzung des Zusammenhangs von Mitarbeiter- und Kundenfluktuation sowie der Berufserfahrung ist eine Tendenz der langjährigen Mitarbeiter erkennbar, die hier einen verstärkten Zusammenhang sehen. Der jeweils höchste Prozentwert der jeweiligen Tätigkeitsjahre wurde hervorgehoben. Bei der Betrachtung der der Werte die 50 und mehr Prozent angeben ist dieser Trend ebenfalls erkennbar.

Die Hypothese 3 ist somit bestätigt.

Hypothese 4: Wenn Kundenunternehmen den Kundenwert messen, dann nicht für die Steuerung der Kundenzufriedenheit.

Mit überwältigender Mehrheit von 77,5% geben Berater an, dass nur wenige Unternehmen deren Kundenwert messen. Dennoch meinen die Berater, dass sehr viele ihrer Kunden den Kundenwert kennen. Bei näherer Betrachtung ist in Abbildung 27 erkennbar, dass dies besonders im B2B Bereich der Fall ist.

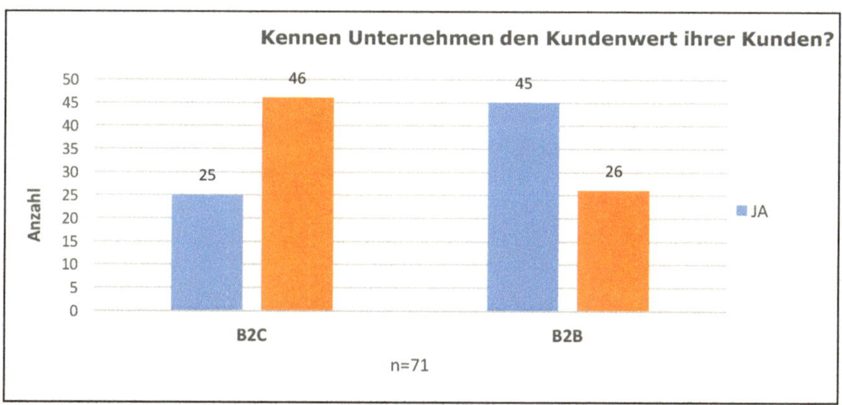

Abbildung 27: Kenntnisstand über Kundenwert

Aus Abbildung 29 ist sehr klar erkennbar, dass im B2B die Berechnung des Kundenwertes eine höhere Durchdringung als im B2C Bereich erfährt. Während 63% der Berater (= 45 Berater) davon ausgehen, dass Unternehmen über den jeweiligen Kundenwert ihrer Stammkunden Bescheid wissen, stellt sich im B2C genau ein spiegelverkehrtes Bild dar und nur 35 Prozent (=25 Berater) geben an, dass der Kundenwert bekannt ist.

Aus der Beantwortung der Fragen geht hervor, dass der Kundenwert hauptsächlich für die Umsatzplanung und für die Gestaltung des Kundenportfolios gemessen wird. Die Abbildung 28 zeigt das Ergebnis der Reihung.

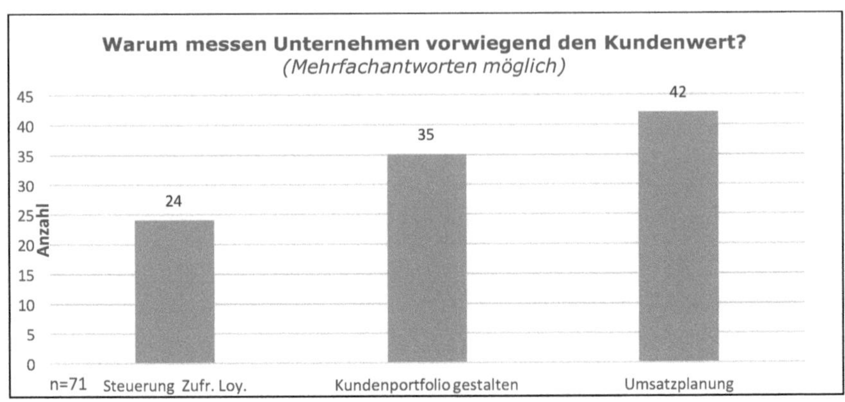

Abbildung 28: Gründe für das Messen des Kundenwerts

Die Steuerung der Kundenzufriedenheit und der Kundenloyalität ist demnach nicht das primäre Ziel bei der Ermittlung des Kundenwertes. Sofern die Berechnung des Kundenwertes gemacht wird, erfolgt das am ehesten mit einfachen Methoden wie der Umsatz- oder Deckungsbeitragsermittlung oder der ABC Analyse. Diese Erkenntnis deckt sich mit den Informationen aus der Literarturrecherche (Siehe Kapitel 3.4). Abbildung 29 zeigt klar, welche Methoden bevorzugt zur Anwendung kommen.

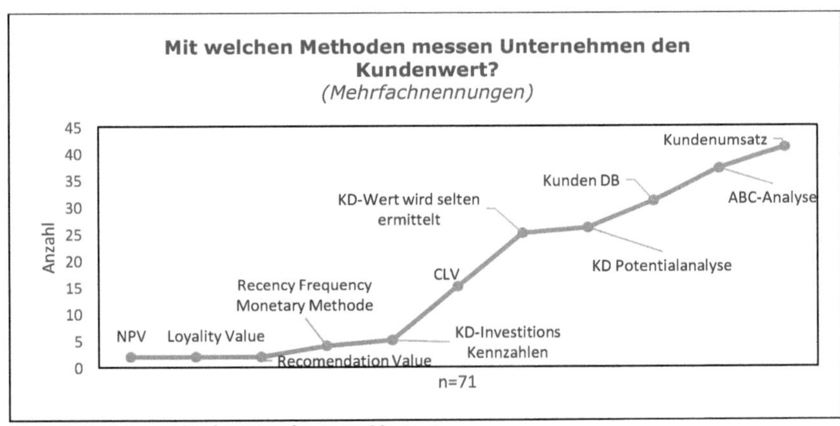

Abbildung 29: Methoden Kundenwert Messung

Der Kundenwert wird laut der Untersuchung nicht zur Steuerung der Kundenzufriedenheit und Kundenloyalität herangezogen wird, sondern hauptsächlich zur Umsatzplanung.

Die Hypothese 4 ist somit bestätigt.

Hypothese 5: Es wird ein positiver Zusammenhang zwischen Mitarbeiterloyalität und Kundenloyalität gesehen.

Die Mitarbeiterloyalität hat für den ökonomischen Erfolg aus Sicht der Berater eine sehr große Bedeutung. Aus diesem Grund wurde die Mitarbeiterloyalität als die zweithöchste Maßnahme, gleich nach der Notwendigkeit zum aktiven Managen des Kundenportfolios angeführt. Im Fragebogen wurden die Teilnehmer um eine Angabe von Gründen gebeten, die für die Notwendigkeit loyaler Mitarbeiter ebenso wie loyaler Kunden spreche. Abbildung 30 zeigt das Ergebnis, welches aufgrund der homogenen Antworten auf wenige Gruppen aggregiert werden konnten.

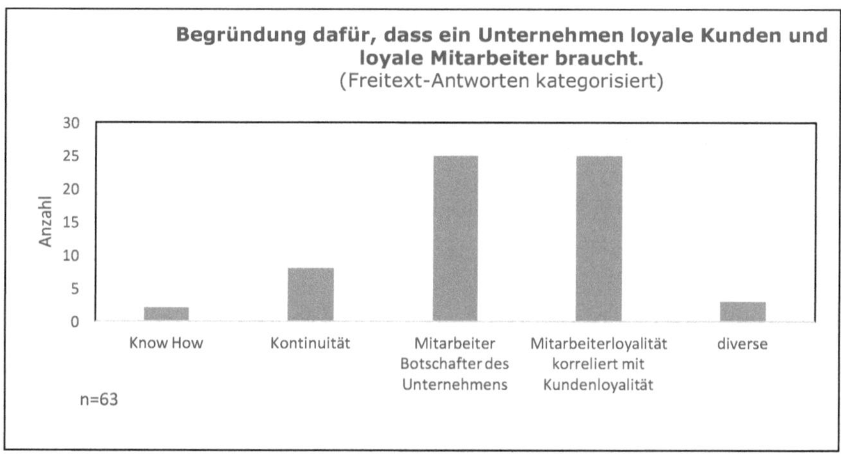

Abbildung 30: Benefit von loyalen Kunden und loyalen Mitarbeitern

Das Ergebnis zeigt eindeutig, dass Mitarbeiter als Botschafter des Unternehmens und als Schnittstelle zum Kunden eine ganz wichtige Stellung einnehmen. Ebenso deutlich wurde eine Korrelation zwischen der Mitarbeiterloyalität und der Kundenloyalität konstatiert.

Zu diesem Thema wurde ebenfalls eine Kontrollfrage installiert, um das Ergebnis zu untermauern. In diesem Fall wurde die Korrelation in Bezug auf die Abwanderung der Kunden beleuchtet (siehe Abbildung 31).

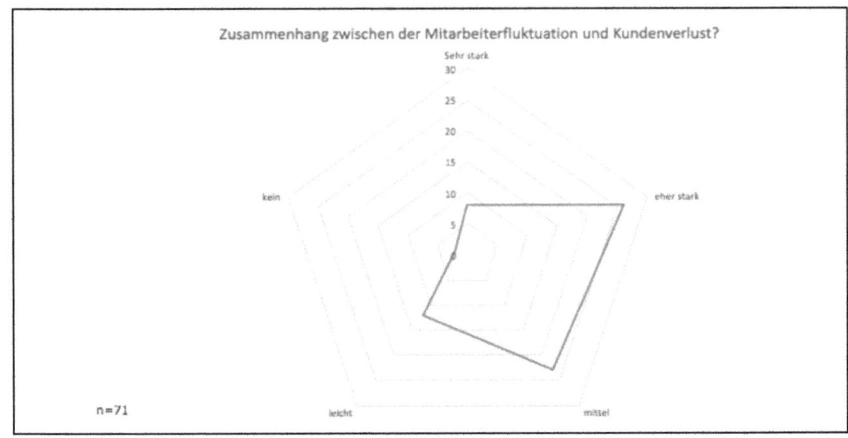

Abbildung 31: Zusammenhang zwischen Mitarbeiterfluktuation und Kundenverlust

Auch hier wurde mehrheitlich bemerkt, dass es einen Zusammenhang zwischen Mitarbeiterfluktuation und Kundenverlust gibt. Anhand eines Schiebereglers konnten die Teilnehmer eine Einschätzung nach 0, 25, 50, 75 oder 100 Prozent treffen. Die Werte 75 oder 100 wurden in Summe von 48% der Berater gewählt. Der Zusammenhang von Mitarbeiterloyalität und Kundenloyalität wurde durch die Umfrage festgestellt.

Die Hypothese 5 ist bestätigt.

Hypothese 6: Kunden, die aktiv Kundenbeziehungsmaßnahmen einsetzen, haben einen höheren Anteil an Stammkunden als jene die keine aktive Kundenbeziehungsmaßnahmen einsetzen.

Stammkunden haben einen ökonomischen Wert für die Unternehmen. Aus diesem Grund ist eine grundsätzliche Einschätzung des Stammkundenanteils von Interesse. Die Berater stellen dieses Interesse bei 40,8 % der Unternehmen fest. Im Online-Fragebogen wird der durchschnittliche Anteil der Stammkunden hauptsächlich im Bereich zwischen 61 und 80 Prozent geschätzt, wie in Abbildung 32 erkennbar ist.

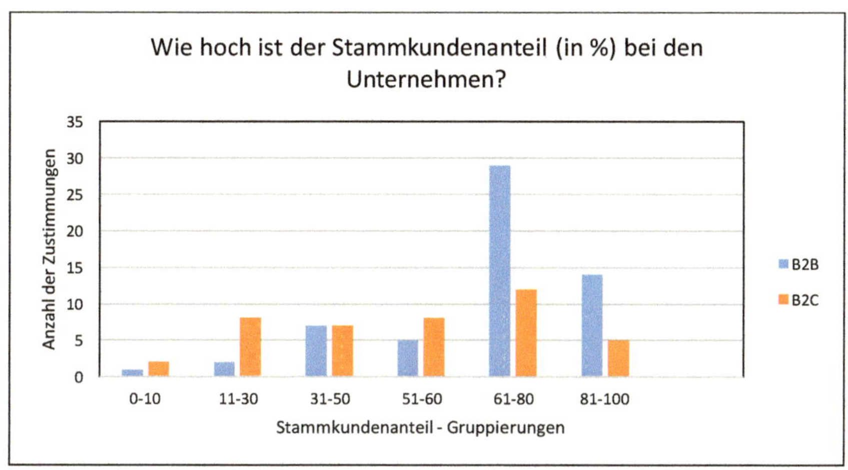

Abbildung 32: Anteil Stammkunden

Diese Schätzung scheint für B2B wie für B2C Kunden gleichermaßen zutreffend. Bezeichnend ist laut dieser Grafik, dass besonders im B2C Sektor wesentlich häufiger von der Möglichkeit Gebrauch gemacht wurde, keine Angaben zu machen. Daraus kann interpretiert werden, dass im B2B Bereich ein wesentlich besserer Kenntnisstand über die Stammkunden existiert. Aggregiert bedeuten die Angaben, dass 83% der Teilnehmer meinen, dass im B2B Bereich der Stammkundenanteil über 50 Prozent ausmacht. Im B2C Sektor gehen immerhin 60% davon aus, dass der Stammkundenanteil über 50 beträgt. Die Abbildung 33 ermöglicht Rückschlüsse über die Auswirkung aktiver Maßnahmen zur Verbesserung der Kundenzufriedenheit.

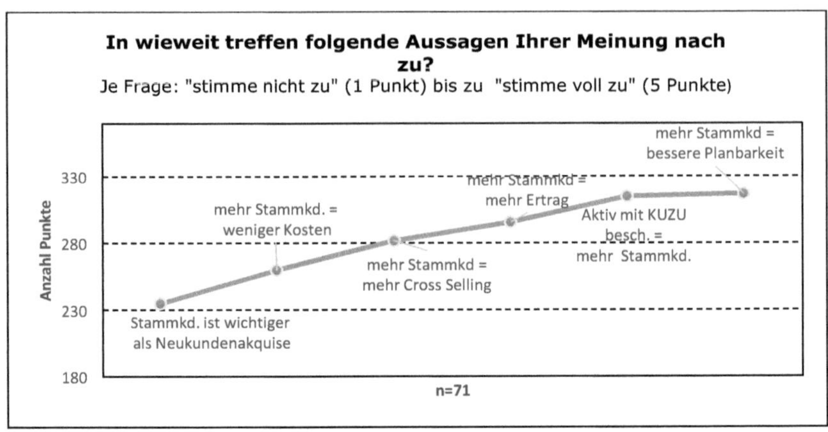

Abbildung 33: Gründe für Stammkunden

Stammkunden ermöglichen Unternehmen eine stabile Planung für die Zukunft. Diese stabile Basis ist besonders in volatilen Märkten von unschätzbarem Wert. Auf demselben Bedeutungsniveau wurde bemerkt, dass eine aktive Auseinandersetzung mit dem Thema Kundenzufriedenheit auch mehr Stammkunden generiert. Mehr Stammkunden tragen damit wieder mehr zur Stabilität bei.

Die Hypothese 6 ist somit bestätigt.

Das Ergebnis der Überprüfung der Hypothesen ist in der Tabelle3 dargestellt.

		Bestätigt	Verworfen
Hypothese 1	Die Implementierung einer CRM Software wird häufig als erster Ansatz für die Verbesserung von Loyalität empfohlen.		✓
Hypothese 2	Je weniger Mitarbeiter eine Beratungsfirma hat, desto eher wird keine CRM Software empfohlen.		✓
Hypothese 3	Je mehr Berufserfahrung ein Berater hat, desto höher ist die Mitarbeiterloyalität als mögliche Maßnahme zur Steigerung der Kundenloyalität gerankt.	✓	
Hypothese 4	Wenn Kundenunternehmen den Kundenwert messen, dann nicht für die Steuerung der Kundenzufriedenheit.	✓	
Hypothese 5	Es wird ein positiver Zusammenhang zwischen Mitarbeiterloyalität und Kundenloyalität gesehen.	✓	
Hypothese 6	Kunden, die aktiv Kundenbeziehungsmaßnahmen einsetzen, haben einen höheren Anteil an Stammkunden als jene die keine aktive Kundenbeziehungsmaßnahmen einsetzen.	✓	

Tabelle 3: Übersicht der Hypothesenüberprüfung

Die gesammelten Informationen aus der Theorie, das erhobene Feedback von den Unternehmensberatern generell und die Überprüfung der Hypothesen bieten einiges an Erkenntnissen. Die Summe daraus soll dafür genutzt werden, eine Handlungsempfehlung abzuleiten.

5.3 Ableitung des Prozesses oder einer Rangreihenfolge

Entsprechend der Zielsetzung dieser Arbeit die eine Identifikation einer strukturierten Vorgangsweise im Kundenbeziehungsprozess zur Erhöhung der Kundenloyalität vorsieht, wurde im Online Fragebogen erfragt, ob es tatsächlich einen Bedarf zur Ermittlung einer Rangfolge gibt. Die nachfolgende Darstellung in Abbildung 34 bestätigt die Annahme ausdrücklich.

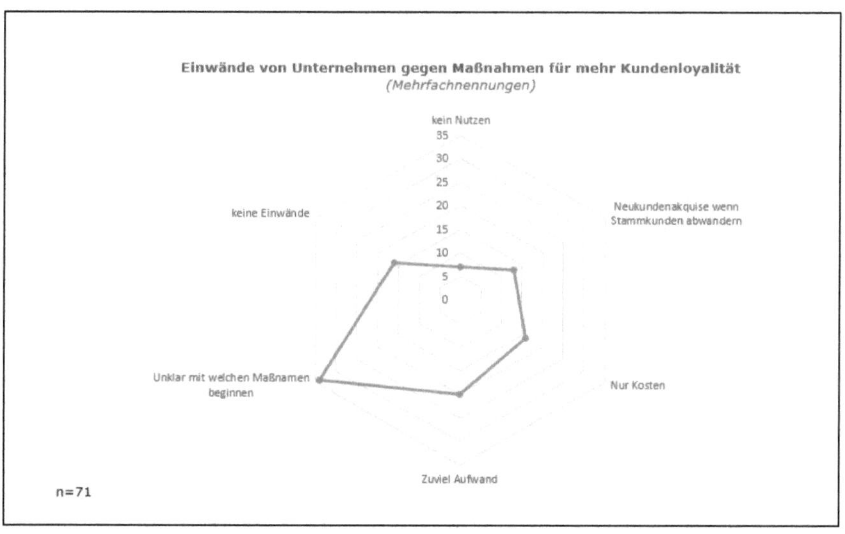

Abbildung 34: Einwände von Unternehmen mit loyalitätsfördernden Maßnahmen zu starten

Wie in der Darstellung ersichtlich, ist die überwiegende Mehrheit unschlüssig über die Vorgangsweise im Umgang mit Kundenloyalität. Die Kernaussage über den Online-Fragebogen hinweg ist, dass der Nutzen von loyalen Kunden definitiv gesehen wird, die Umsetzung von Maßnahmen vielfach daran scheitert, weil Unklarheit und Verunsicherung bezüglich der Auswahl der relevanten Maßnahmen besteht.

Aufgrund der Literaturrecherche und den Antworten aus dem Online-Fragebogen kann folgende Ableitung einer Vorgangsweise zur Verbesserung der Kundenloyalität gemacht werden. Diese Vorgangsweise erhebt keinen Anspruch auf Vollständigkeit, sondern soll eine Hilfestellung für Unternehmen bieten, die sich bisher mit dem Thema Kundenloyalität wenig oder überhaupt nicht auseinandergesetzt haben. Aus Gründen der Durchführbarkeit und der Übersichtlichkeit wurden die bedeutendsten Möglichkeiten in Abbildung 35 hervorgehoben.

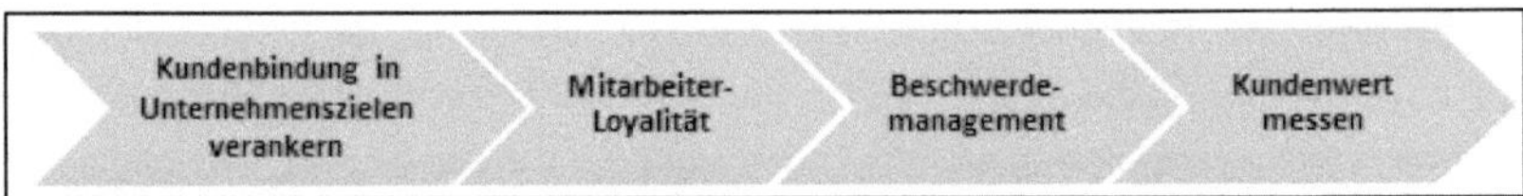

Abbildung 35: Ableitung Prozess zur Steigerung der Kundenloyalität

Wie bereits dargestellt wurde, sind Unternehmen unschlüssig darüber, mit welchen Maßnahmen begonnen werden soll. Dem ersten Schritt kommt daher besondere Bedeutung zu.

Die Verankerung der Kundenbindung in den Unternehmenszielen und im Unternehmensleitbild zeigt intern wie extern die Ausrichtung und die Priorität an. Damit soll für alle im Unternehmen klargestellt sein, dass die Beziehung zum Kunden eine wesentliche Säule für den Unternehmenserfolg ist. Zu dieser Vorgabe müssen sich alle vom Vorstand bis zum Lehrling bekennen.

Der zweite Schritt ist die Mitarbeiterloyalität. Die Antworten aus dem Fragebogen decken sich mit der Literatur. Mitarbeiter sind das Gesicht zum Kunden. An diesem Kontaktpunkt verlieren viele Unternehmen, die hervorragende Produkte herstellen, oft einiges an Potenzial. Motivierte Mitarbeiter sind engagiert und sie können die Begeisterung an die Kunden übertragen. Begeisterte Mitarbeiter sind nicht nur an der Schnittstelle zum Kunden notwendig sondern entlang der gesamten Supply-Chain.

Der dritte Prozess, dem in Bezug auf die Kundenloyalität besondere Beachtung geschenkt werden muss, ist das Beschwerdemanagement. Auch zu diesem Punkt deckt sich die Literatur mit den Aussagen aus dem Online-Fragebogen. Bei der Darstellung der Ergebnisse unter Punkt 5.1.1 wurde die Rückmeldung der Bedeutung eines Beschwerdemanagements festgestellt. Loyale Kunden sind bereit der Firma auch unangenehme Fragen zu stellen. Beschwerden sind ein Geschenk, deshalb sollte damit auch sehr behutsam umgegangen werden. Wie in dieser Arbeit erwähnt, ist der Anteil derjenigen die sich beschweren nur ein Bruchteil von den tatsächlich verärgerten Kunden. Beschwerden, die ernst genommen werden und sogar zur Zufriedenheit der

Kunden erledigt werden, haben ein gewaltiges Potenzial. Folgekäufe und Cross-Selling können durch gewonnene Beschwerdeführer erhöht werden, weil diese Kunden aufgrund der positiven Beschwerdeerledigung loyales Verhalten zeigen, sogar mehr als zufriedene Kunden ohne Beschwerden. Zufriedene Kunden erzählen positive Erlebnisse gerne weiter und sorgen so für eine Referenzleistung, die sehr wertvoll ist.

Die Berechnung des Kundenwertes wurde noch als wichtiger Prozess gewählt, der als einer der ersten Maßnahmen zur Verbesserung der Kundenloyalität umgesetzt werden soll. Damit verbunden ist die Anwendung von Steuerungsmaßnahmen aufgrund der identifizierten Kundenwerte. Unternehmen benötigen Zahlen, Daten und Fakten anhand derer sie Entscheidungen treffen können. Auch aus Rücksicht auf die eigenen Ressourcen ist eine Kenntnis der profitablen Kunden notwendig. Von diesen Zahlen können Betreuungsmaßnahmen abgeleitet werden und loyale Kunden begeistert und gebunden werden. Auf der anderen Seite bedeutet es auch, dass nicht profitablen Kunden erklärt werden muss, dass eine differenzierte Kundenbetreuung notwendig ist. Selbst diese Vorgangsweise kann unter Umständen zu Ankurbelung von Aktivität bei Kunden führen.

Diese Vorgangsweise stellt eine solide Basis für die Schaffung von Kundenloyalität dar. Die weiteren Schritte können dann definitiv einen Mehrwert schaffen. Eine besondere Erkenntnis aus dieser Arbeit ist, dass ein CRM-Tool nicht der primäre Schritt ist um die Kundenloyalität zu verbessern.

Feedback aus dem Online-Fragebogen ist auch, dass Kundenloyalität nicht durch einen einzelnen Kauf entsteht, sondern erst über einen Zeitraum, durch Erfahrung und Vertrauen. Wenn es gelingt Kunden zu überzeugen und optimiert zu betreuen, kann das besonders in sehr wettbewerbsintensiven Zeiten den Unterschied ausmachen, den es benötigt, um erfolgreicher als die Konkurrenz zu sein. Stammkunden müssen als ein Vermögen des Unternehmens gesehen werden. Unternehmen können mit diesem Vermögen auch durch schwierige Zeiten manövriert werden. Mit Stammkunden können zukünftige Schritte besser geplant werden kann, wie ebenfalls aus der Umfrage hervorgeht.

Wenn diese empfohlenen Prozesse umgesetzt wurden, können weitere Maßnahmen ergriffen werden. Der Prozess zur Verbesserung der Kundenloyalität erfordert auch ein permanentes Überarbeiten und beständiges Verbessern um mit den Kunden eine kontinuierliche Beziehung aufrecht erhalten zu können.

Die Untersuchung in dieser Arbeit unterliegt auch Limitationen, die explizit im Folgekapitel hervorgehoben werden. Forschungsgebiete, die im Zuge der Entwicklung der Arbeit erkannt wurden, sollen dort ebenfalls aufgezeigt werden.

6. Limitation und Ausblick

Der Paradigmenwechsel von der Produktorientierung hin zur Kundenorientierung stellt die Unternehmen vor neue Herausforderungen. Der Markt ist sehr volatil und Unternehmer scheinen teilweise mit der Geschwindigkeit der Veränderungen überfordert. Es ist das Ziel dieser Masterarbeit mit eigenen Untersuchungen das Feedback vom Markt einfließen zu lassen und einen Abgleich mit der Literatur durchzuführen.

Aufgrund der vielen Einflussfaktoren ist es nicht möglich eine umfassende Untersuchung durchzuführen, wodurch sich naturgemäß Limitationen ergeben. Im Zuge der Recherche sowie der Erhebung der Daten konnten folgende Limitationen, aber auch Möglichkeiten festgestellt werden:

Die Entscheidung zur Befragung der Unternehmensberater ist berechtigt, weil hier ein großer Erfahrungsschatz im Umgang mit Kunden vorhanden ist. Unternehmensberater entwickeln sich mit den Anforderungen des Marktes weiter und verfügen durch den Einblick in verschiedene Firmen über ein großes Know-How und sind somit am Puls der Zeit. In der vorliegenden Untersuchung wurden Teilnehmer am Fragebogen, die nicht zum Thema Kundenloyalität beraten, aus der Befragung ausgeklammert, um nur das Feedback der Experten einzuholen. In einem nächsten Schritt wäre aber auch die Meinung von Beratern interessant, die nicht auf das Thema Kundenloyalität setzen. Es wäre zu hinterfragen welche Gründe es gibt, Kundenloyalität nicht aktiv zu beraten. Eine weitere Überlegung ist, dass Unternehmensberater auch ein Produkt verkaufen müssen. Aus diesem Grund ist es zweckmäßig eine Befragung auch direkt bei Kunden durchzuführen um hier mehr Objektivität zu erhalten. Auf diese Weise könnte ein Abgleich zwischen den Wahrnehmungen und Wünschen des Kunden und den Wahrnehmungen und Maßnahmen der Unternehmer ein klareres Bild ergeben.

Die Stichprobe beinhaltet Unternehmensberater von Wien und Niederösterreich. Dieses Sample ist durch die größten Betriebsansiedelungen in diesem Bereich begründet. Für konkretere Aussagen wäre eine Befragung über ganz Österreich auszurichten, um hier eventuell auch Abweichungen der notwendigen Vorgangsweisen im Ost-West Gefälle sichtbar zu machen.

Aufschlussreich wäre im Zusammenhang mit der Kundenloyalität eine Studie über die Abwanderung von Kunden. Die Höhe der Abwanderungsrate in Zusammenhang mit dem Durchschnitt der jeweiligen Branchen könnten weitere wertvolle Erkenntnisse zu dem Thema Kundenloyalität liefern. Darüber hinaus sollten der Zeitpunkt und die Gründe, die für die Abwanderung von Kunden letztlich ausschlaggebend sind, näher erforscht werden.

7. Conclusio

Eine Vielzahl an Möglichkeiten und Werkzeugen stehen zur Verfügung um die Kundenbindung und Kundenloyalität zu steigern. Es ist wichtig, dass dabei das Wesentlichste, der Kunde als zentrales Ziel im Fokus bleibt. Zuviel Technik und Strategie könnte dazu führen, dass der administrative Aufwand den ökonomischen Erfolg überlagert.

Die Herausforderung besteht in der selektiven Verwendung von profitablen Maßnahmen und deren konsequenten Umsetzung. Profit ist im Bezug auf Kundenloyalität differenziert, und vor allem in einem längeren Zeitraum zu betrachten. Die Annahme, dass Kunden bereits als loyal eingestuft werden, weil sie einen Wiederkauf tätigten, kann trügerisch sein.

Der Kundenbeziehung kommt somit eine große Bedeutung zu. Grundwissen über den Kundenwert, wie dieser ermittelt wird, oder über die grundsätzliche Entwicklung des Kundenbeziehungs-Lebenszyklus ist notwendig, damit bei der Auswahl der Maßnahmen und Aktivitäten zu Steigerung der Kundenloyalität effektiv agiert werden kann.

Der intensive Wettbewerb erlaubt kein passives Verhalten und es scheint als ob er auch keine groben Fehler verzeiht. Unternehmen kalkulieren knapp, was dazu führen kann, dass Fehlinvestitionen schlimme Auswirkungen mit sich bringen können. Korrekte Kalkulationen erfordern unter anderem auch Aktivität beim Kundenmanagement, in der Form, dass nicht profitable Kunden vom Unternehmen sogar gekündigt werden. Die Notwendigkeit unprofitable Kunden zu kündigen wird immerhin von 71,9 Prozent der Unternehmensberater in dieser Umfrage im Zuge des Beratungsgesprächs auch angesprochen.

Investitionen sind für die Steigerung der Kundenloyalität eher unvermeidbar, aber wie die Kosten-Nutzen Kurve zeigt rechnet sich der Einsatz ab einem gewissen Aktivitätsniveau.

Bemerkenswert ist die Erkenntnis, dass sowohl in der Literatur wie auch aus dem Fragebogen hervorgeht, dass eine starke Korrelation zwischen Kundenloyalität und Mitarbeiterloyalität besteht. Auch dem Beschwerdemanagement kommt eine wichtig Bedeutung für die Steigerung der Kundenloyalität zu. An den Schnittstellen zum Kunden sind somit große Potenziale für den Unternehmenserfolg identifiziert.

Kundenzufriedenheit ist eine Voraussetzung aber keine Garantie für Kundenloyalität, weil auch zufriedene Kunden abwandern. Kunden, die mit dem Produkt oder der Firma zufrieden sind benötigen somit noch weitere Betreuung, bevor sie den Status von loyalen Kunden erreichen. Viele Faktoren spielen in diesem Zusammenhang eine Rolle und können ein Abwandern von Kunden oft nicht verhindern. Pointiert ausgedrückt ist die Kundenzufriedenheit die Pflicht, die Kundenloyalität die Kür.

Die Umfrage hat auch gezeigt, dass es schwieriger geworden ist loyale Kunden ans Unternehmen zu binden, weil Kunden ähnliche Produkte von einer großen Zahl von Lieferanten besorgen können. Diese Lieferanten sind global aktiv und bieten die Ware über mehrere Distributionskanäle an. Unternehmensberater geben im Fragebogen auch an, dass vor allem der technologische Fortschritt mit digitalisierten Kommunikationskanälen und den innovativen Technologien den Kunden mächtige Werkzeuge zum Preisvergleich bieten. Außerdem nutzen Kunden die Möglichkeiten die das Web 2.0 bietet in Echtzeit Erfahrungen zu verbreiten.

Die Unsicherheiten und die vielen Einflussfaktoren am Weg zur Kundenloyalität lassen Unternehmen oft zögern, wenn es darum geht die richtigen Maßnahmen zu setzen. Dennoch gewinnt das Thema immer mehr an Bedeutung und wie der Online Fragebogen zeigt hat, wird die Kundenbetreuung im B2B Bereich effektiver betrieben.

Kosten für die Kundenbetreuung sind geringer als die Kosten für die Neukundenakquise. Mit diesem sehr plakativen Argument gelingt es die Aufmerksamkeit und das Interesse Unternehmen zu gewinnen, die auf der Suche nach Verbesserungsmöglichkeiten sind.

Eine wichtige Erkenntnis ist, dass Loyalität eine Abwendung von kurzfristiger Planung bedeutet und langfristiges, vorausschauendes Denken erfordert. Aufwände sind in diesem Zusammenhang nicht als Kosten, sondern als Investition zu betrachten.

Abkürzungsverzeichnis

Abbildungsverzeichnis

Tabellenverzeichnis

Literaturverzeichnis

Anderson, E. W./ Mittal, V. (2000). Strengthening the satisfaction-profit chain. Journal of Service Research, 3(2), p. 107. (Zitiert nach: Kumar, V./Reinartz Werner (2012) Customer Relationship Management. Concept, Strategy, and Tools, Springer, Heidelberg.)

Balzer, Helmut/Schröder, Marion/Schäfer, Christian (2013): Wissenschaftliches Arbeiten. 2. Aufl., W3L, Dortmund.

Bortz, Jürgen/ Döring Nicola (2006): Forschungsmethoden und Evaluation für Human und Sozialwissenschaftler. 4. Aufl., Springer, Heidelberg.

Bortz, Jürgen/ Schuster, Christof (2010): Statistik für Human – und Sozialwissenschaftler. 7. Aufl., Springer, Heidelberg.

Bruhn, Manfred (2007): Kundenorientierung. Bausteine für ein exzellentes Customer Relationship Management (CRM). 3. Aufl., Deutscher Taschenbuchverlag, München.

Bruhn, Manfred (2015): Relationship Marketing. Das Management von Kundenbeziehungen. 4. Aufl., Vahlen, München.

Bruhn, Manfred (2010): Anbieterseitige Kündigung von Kundenbeziehungen und Kundenbindung. In: Bruhn, Manfred/Homburg, Christian (Hrsg.): Handbuch Kundenbindungsmanagement. 7. Aufl., Gabler, Wiesbaden, S. 355-383.

Bruhn, Manfred (2011): Zufriedenheits- und Kundenbingungsmanagement. In: Hippner, Hajo/Hubrich, Beate/Wilde, Klaus D. (Hrsg.): Grundlagen des CRM. 3. Aufl., Gabler, Wiesbaden, S. 409-440.

Bruhn, Manfred/ Georgi, Dominik (2010): Wirtschaftlichkeit des Kundenbindungsmanagements. In: Bruhn, Manfred/Homburg, Christian (Hrsg.): Handbuch Kundenbindungsmanagement. 7. Aufl., Gabler, Wiesbaden, S. 635-666.

Bruhn, Manfred/Hadwich, Karsten/Georgi, Dominik (2010): Kundenwert als Steuerungsgröße des Kundenbindungsmanagements. In: Bruhn, Manfred/Homburg, Christian (Hrsg.): Handbuch Kundenbindungsmanagement. 7. Aufl., Gabler, Wiesbaden, S. 703-722.

Bruhn, Manfred/Homburg, Christian (Hrsg.) (2010): Handbuch Kundenbindungsmanagement. 7. Aufl., Gabler, Wiesbaden.

Cornelsen, Jens (2000): Kundenwertanalysen im Beziehungsmarketing. Nürnberg. (Zitiert nach: Günter, Bernd/Helm, Sabrina (2006): Kundenwert. Grundlagen – innovative Konzepte – Praktische Umsetzung. 3. Aufl., Gabler, Wiesbaden.)

Diller, Hermann (2011): Die Bedeutung des Beziehungsmarketing für den Unternehmenserfolg. In: Hippner, Hajo/Hubrich, Beate/Wilde, Klaus D. (Hrsg.): Grundlagen des CRM. 3. Aufl., Gabler, Wiesbaden, S. 247-270.

Foscht, Thomas (2002): Kundenloyalität. Integrative Konzeption und Analyse der Verhaltens- und Profitabilitätswirkungen. Deutscher Universitäts-Verlag, Wiesbaden.

Fuchs, Wolfgang/Unger Fritz (2014): Management der Marketing-Kommunikation. 5. Aufl., Springer Gabler, Berlin Heidelberg.

Gonring, Matthew P. (2008): Customer loyalty and employee engagement: an alignment for value. In: Journal of Business Strategy, Vol. 29 Iss 4 pp. 29 – 40. Internetadresse: http://dx.doi.org/10.1108/02756660810887060, Stand vom: 19.03.2016.

Griffin, Jill (1997): Customer Loyalty. How to Earn. It How to Keep It. 2. Aufl., Jossey-Bass Publishers, San Francisco.

Grönroos, Christian (1997): Keynote paper From marketing mix to relationship marketing - towards a paradigm shift in marketing, Management Decision, Vol. 35, Iss 4, p. 322 – 339. In: Permanent link to this document: http://dx.doi.org/10.1108/00251749710169729, Stand vom: 03.04.2016.

Günter, Bernd/Helm, Sabrina (2006): Kundenwert. Grundlagen – innovative Konzepte – Praktische Umsetzung. 3. Aufl., Gabler, Wiesbaden.

Helmke, Stefan/Uebel, Matthias (2013): Effektives Customer Relationship Management. 5. Aufl., Springer Gabler, Wiesbaden.

Hinterhuber, Hans H./Handlbauer, Gernot/Matzler,Kurt (2003): Kundenzufriedenheit durch Kernkompetenzen. Eigene Potenziale erkennen, entwickeln, umsetzen. 2. Aufl., Gabler, Wiesbaden.

Hinterhuber, Hans H. /Matzler,Kurt (2006): Kundenorientierte Unternehmensführung. Kundenorientierung – Kundenzufriedenheit - Kundenbindung. 5. Aufl., Gabler, Wiesbaden.

Hippner, Hajo/Hubrich, Beate/Wilde, Klaus D. (Hrsg.) (2011): Grundlagen des CRM. 3. Aufl., Gabler, Wiesbaden.

Hofmann, Markus/Mertiens, Markus (2000): Customer-Lifetime-Value-Management. Kundenwert schaffen und erhöhen: Konzepte, Strategien, Praxisbeispiele. Gabler, Wiesbaden.

Homburg, Christian/Becker, Annette/Hentschel, Frederike (2010): Der Zusammenhang zwischen Kundenzufriedenheit und Kundenbindung. In: Bruhn, Manfred/Homburg, Christian (Hrsg.): Handbuch Kundenbindungsmanagement. 7. Aufl., Gabler, Wiesbaden, S. 110-144.

Homburg, Christian/Bruhn, Manfred (2010): Kundenbindungsmanagement – Eine Einführung in die theoretischen und praktischen Problemstellungen. In: Bruhn, Manfred/Homburg, Christian (Hrsg.): Handbuch Kundenbindungsmanagement. 7. Aufl., Gabler, Wiesbaden, S. 3-39.

Kahler, Björn (2009): Determinanten der integrierten Kundenbindung. Gabler, Wiesbaden.

Kano, Noriaki (1984): Attractive Quality and Must-be Quality, in: Hinshitsu: The Journal oft he Japanese Society for Quality Control, April, S. 39-48. (Zitiert nach: Hinterhuber, Hans H. /Matzler,Kurt (2006): Kundenorientierte Unternehmensführung. Kundenorientierung – Kundenzufriedenheit - Kundenbindung. 5. Aufl., Gabler, Wiesbaden.)

Kotler, Philip/Keller, Kevin L./Bliemel, Friedhelm (2007): Marketing-Management, Strategien für wertschaffendes Handeln. 12. Aufl., Pearson Studium, München.

Krafft, Manfred/Götz, Oliver (2011): Der Zusammenhang zwischen Kundennähe, Kundenzufriedenheit und Kundenbindung sowie deren Erfolgswirkungen. In: Hippner, Hajo/Hubrich, Beate/Wilde, Klaus D. (Hrsg.): Grundlagen des CRM. 3. Aufl., Gabler, Wiesbaden, S. 213-246.

Kumar, V./Reinartz Werner (2012) Customer Relationship Management. Concept, Strategy, and Tools, Springer, Heidelberg.

Leußer, Wolfgang/Hippner, Hajo/Wilde, Klaus D. (2011): CRM-Grundlagen, Konzepte und Prozesse. In: Hippner, Hajo/Hubrich, Beate/Wilde, Klaus D. (Hrsg.): Grundlagen des CRM. 3. Aufl., Gabler, Wiesbaden, S. 16-55.

Matzler, Kurt/Stahl, Heinz K./Hinterhuber, Hans H. (2006): Die Customer-based View der Unternehmung. In: Hinterhuber, Hans H. /Matzler,Kurt (Hrsg.): Kundenorientierte Unternehmensführung. Kundenorientierung – Kundenzufriedenheit - Kundenbindung. 5. Aufl., Gabler, Wiesbaden, S. 3-31.

Meffert, Heribert/Bruhn, Manfred (2006): Dienstleistungsmarketing. Grundlagen-Konzepte-Methoden. Mit Fallbeispielen, 5. Aufl., Wiesbaden. (Zitiert nach: Homburg, Christian/Bruhn, Manfred (2010): Kundenbindungsmanagement – Eine Einführung in die theoretischen und praktischen Problemstellungen. In: Bruhn, Manfred/Homburg, Christian (Hrsg.): Handbuch Kundenbindungsmanagement. 7. Aufl., Gabler, Wiesbaden, S. 3-39.)

Pinczolits, Karl (2008): Schlagzahlmanagement. Die Aktivität von heute ist der Umsatz von morgen. Facultas, Wien.

Reichheld, Frederick F./Teal, Thomas (2001) The Loyalty Effect. The Hidden Force Behind Growth, Profits, and Lasting Value. Harvard Business School Press, Boston.

Reinecke, Sven/Sipötz, Elisabeth/Wiemann, Eva-M. (1998): Total Customer Care. Kundenorientierung auf dem Prüfstand. Ueberreuter, St.Gallen/Wien.

Rothlauf, Jürgen (2014): Total Quality Management in Theorie und Praxis: zum ganzheitlichen Unternehmensverständnis. 4. Aufl., De Gruyter Oldenbourg München.

Rudolf-Sipötz/Tomczak (2001): Kundenwert in Forschung und Praxis.Thexis, St. Gallen. (Zitiert nach: Bruhn, Manfred (2015): Relationship Marketing. Das Management von Kundenbeziehungen. 4. Aufl., Vahlen, München.)

Scharnbacher, Kurt/Kiefer, Guido (2003): Kundenzufriedenheit. Analyse, Messbarkeit und Zertifizierung. 3. Aufl., R. Oldenbourg, München,Wien.

Schawel, Christian/Billing, Fabian ... (2014): Top 100 Management Tools. Das Wichtigste Buch eines Managers Von ABC-Analyse bis Zielvereinbarung. 5. Aufl., Gabler, Wiesbaden.

Schneider, Willy (2008): Profitable Kundenorientierung durch Customer relationship Managemen (CRM). Wertvolle Kunden gewinnen, begeistern und dauerhaft binden. Oldenbourg, München.

Schneider, Willy/Kornmeier, Martin (2006): Kundenzufriedenheit. Konzept Messung Management. Haupt, Bern-Stuttgart-Wien.

Schüller, Anne M./Fuchs Gerhard (2013): Total Loyalty Marketing. Mit begeisterten Kunden und loyalen Mitarbeitern zum Unternehmenserfolg. 6. Aufl. Gabler Springer, DOI: http://dnb.d-nb.de/10.1007/978-3-658-01885-6.

Schüller, Anne M. (2006): Zukunftstrend Mitarbeiterloyaliät. 2. Aufl. Business Village, Göttingen.

Skala-Gast, Doris (2012): Zusammenhang zwischen Kundenzufriedenheit und Kundenloyalität. Eine empirische Analyse am Beispiel der deutschen Automobilindustrie. Springer Gabler, Wiesbaden.

Stahl, Heinz K. (2006): Kundenloyalität kritisch betrachtet. In: Hinterhuber, Hans H. /Matzler,Kurt (Hrsg.): Kundenorientierte Unternehmensführung. Kundenorientierung – Kundenzufriedenheit - Kundenbindung. 5. Aufl., Gabler, Wiesbaden, S. 84-103.

Stauss, Bernd (2000): Perspektivenwandel: Vom Produkt-Lebenszyklus zum Kundenbeziehungs-Lebenszyklus. In: Marketing Review St. Gallen, JG. 17, Nr.2, S. 15-18.

Stauss, Bernd/Schöler, Andreas (2003): Beschwerdemanagement Excellence. State-of-the-Art und Herausforderungen der Beschwerdemanagement-Praxis in Deutschland. Springer, Wiesbaden.

Stauss, Bernd/Seidel, Wolfgang (2007): Beschwerdemanagement. Unzufriedene Kunden als profitable Zielgruppe. 4. Aufl., Hanser, München.

Stauss, Bernd/Seidel, Wolfgang (1998): Beschwerdemanagement: Fehler vermeiden, Leistung verbessern, Kunden binden. 2. Aufl., Hanser, München. (Zitiert nach: Schneider, Willy/Kornmeier, Martin (2006): Kundenzufriedenheit. Konzept Messung Management. Haupt, Bern-Stuttgart-Wien.)

Wiesel, Thorsten/Skiera, Bernd (2007): Unternehmensbewertung auf der Basis von Kundenlebenswerten.In: Zeitschrift für betriebswirtschaftliche Forschung, Jg. 59, Nr. 6, S. 706-731.

WKO (2016): Unternehmensgründung. 29.02.2016, Internetadresse: https://www.wko.at/Content.Node/branchen/oe/sparte_iuc/Unternehmensberat ung-und-Informationstechnologie/Unternehmensberatung/Unternehmensgruendung.htm l, Stand vom: 12.03.2016

WKO, Hombauer (2016) Statistik Kammermitglieder, Stand 31.12.2015. Wirtschaftskammer Österreich, Mimeo.

Anhang

Anhang1 - Online Fragebogen

Sehr geehrte Damen und Herren,

mein Name ist Erwin Schlögl und ich bin Student an der Fachhochschule Wiener Neustadt für Wirtschaft und Technik, im Studiengang **"Sales-Management für technische Produkte und Dienstleistungen"**. Aktuell erstelle ich meine Masterarbeit mit dem Thema Aufbau von Kundenloyalität.

Bei der vorliegenden Onlineumfrage benötige ich Ihre Unterstützung. Konkret ist Ihre Meinung/Erfahrung als Experte zum Thema "Gewinnen, Halten und Steigern von Kundenloyalität" wichtig. Vielleicht kann ich Ihnen mit der einen oder anderen Frage sogar Ideen liefern.

Die Beantwortung der Fragen **dauert nur wenige Minuten**. Die Umfrage verläuft absolut anonym und die Antworten werden ausschließlich zum Zweck der Masterarbeit verwendet. Die Daten werden selbstverständlich vertraulich behandelt und unterliegen den Regeln des Datenschutzes. Für Rückfragen steht Ihnen meine Betreuerin Frau Mag.(FH) Petra Weiss (Tel: 02622 89084 310 oder petra.weiss@fhwn.ac.at) gerne zur Verfügung.

Vielen Dank dafür, dass Sie mir einen Teil Ihrer kostbaren Zeit schenken.

Ich wünsche Ihnen weiterhin noch viel Erfolg!

Beraten Sie Kunden zum Thema Kundenloyalität bzw. Kundenzufriedenheit?

○ Ja

○ Nein

Welches Schlagwort fällt Ihnen spontan zu Kundenloyalität ein?

In welchem Bereich ist es schwieriger geworden aus zufriedenen Kunden loyale Kunden zu machen? B2B oder B2C?

○ B2B

○ B2C

○ in beiden Bereichen (B2B und B2C)

○ weder B2B, noch B2C

Warum ist es im Bereich B2B schwieriger geworden loyale Kunden zu generieren?

Warum ist es im Bereich B2C schwieriger geworden loyale Kunden zu generieren?

Warum ist es generell schwieriger geworden loyale Kunden zu generieren?

Wie wichtig sind die u.a. Maßnahmen für den Unternehmenserfolg?

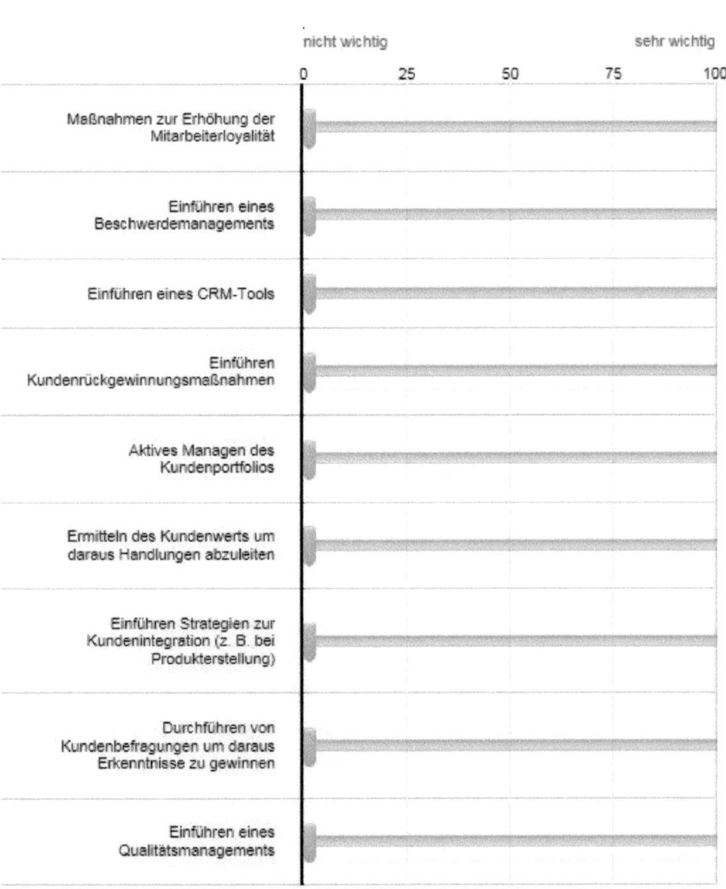

Inwieweit würden Sie Loyalty Management als Trend sehen?

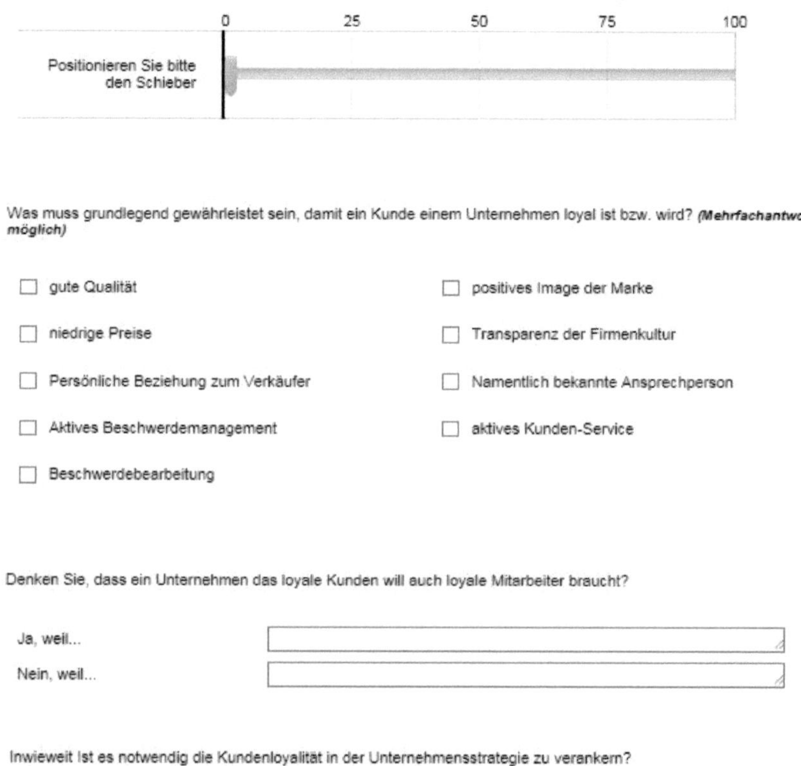

Was muss grundlegend gewährleistet sein, damit ein Kunde einem Unternehmen loyal ist bzw. wird? *(Mehrfachantworten möglich)*

- ☐ gute Qualität
- ☐ niedrige Preise
- ☐ Persönliche Beziehung zum Verkäufer
- ☐ Aktives Beschwerdemanagement
- ☐ Beschwerdebearbeitung

- ☐ positives Image der Marke
- ☐ Transparenz der Firmenkultur
- ☐ Namentlich bekannte Ansprechperson
- ☐ aktives Kunden-Service

Denken Sie, dass ein Unternehmen das loyale Kunden will auch loyale Mitarbeiter braucht?

Ja, weil...

Nein, weil...

Inwieweit ist es notwendig die Kundenloyalität in der Unternehmensstrategie zu verankern?

Schätzen Sie bitte <u>wie viele Kunden</u> Unternehmen durchschn. aus ihrem Stammkundenpool <u>pro Jahr</u> verlieren. (Bitte geben Sie den Wert in % ein)

Was ist für Sie das wesentliche Unterscheidungsmerkmal zwischen zufriedenen und loyalen Kunden?
Fällt Ihnen vielleicht ein Beispiel ein?

Inwieweit stimmen Sie folgenden Aussagen zu?

	Stimme überhaupt nicht zu	Stimme nicht zu	Weder noch	Stimme zu	Stimme voll zu
Verstärktes Interesse am Thema Kundenzufriedenheit/Kundenloyalität ist bei meinen Kunden bemerkbar.	○	○	○	○	○
Konkrete Maßnahmen zur Steigerung der Kundenloyalität werden von meinen Kunden gefordert	○	○	○	○	○
Meine Kunden sind sich der Vorteile von loyalen Kunden bewusst	○	○	○	○	○

In wieweit treffen folgende Aussagen Ihrer Meinung nach zu?

	Stimme überhaupt nicht zu	Stimme nicht zu	Weder noch	Stimme zu	Stimme voll zu
Firmen, die sich aktiv mit Kundenzufriedenheit beschäftigen haben höheren Stammkundenanteil	○	○	○	○	○
Mehr Stammkunden bedeutet mehr Ertrag	○	○	○	○	○
Mehr Stammkunden bedeutet bessere Planbarkeit	○	○	○	○	○
Mehr Stammkunden bedeutet weniger Kosten	○	○	○	○	○
Mehr Stammkunden bedeutet mehr Cross-Selling	○	○	○	○	○
Stammkundenbetreuung ist für den Großteil der Firmen wichtiger als Neukundenakquise	○	○	○	○	○

Wie schätzen Sie die Kosten für **Neukunden** im Vergleich zu **Stammkunden** ein?

○ **ca. gleich** viel Kosten

○ Neukundenakquise kostet **ca. 5 mal** soviel wie Stammkundbenbetreuuung

○ Neukundenakquise kostet **ca.10 mal** soviel wie die Stammkundenbetreuung

○ Eigene Angabe

Wie hoch ist bei Ihren Kunden der Anteil an Stammkunden im Durchschnitt?

	0-10 %	11-30 %	31-50 %	51-60 %	61-80%	81-100%	keine Angabe
Stammkundenanteil B2B	○	○	○	○	○	○	○
Stammkundenanteil B2C	○	○	○	○	○	○	○

Gibt es Ihrer Erfahrung nach einen direkten Zusammenhang zwischen der Mitarbeiterfluktuation und Kundenverlust? D. H. Je höher die Fluktuationsrate bei den Mitarbeitern, desto häufiger verliert das Unternehmen auch Stammkunden

kein Zusammenhang | Sehr hoher Zusammenhang

0	25	50	75	100

Bitte positionieren Sie den Schieber

Wie hoch ist das Potential durch Kundenloyalität eine Umsatzverbesserung bei den Unternehmen zu erreichen?

kein Potential	geringes Potential	mittelmäßig	hohes Potential	sehr hohes Potential
○	○	○	○	○

Empfehlen Sie Ihren Kunden sich mit Maßnahmen zur Erhöhung der Kundenloyalität zu befassen?

Ja, weil....

Nein, weil...

Wie sehr wahrscheinlich ist der Einfluss loyaler Kunden auf:

	Sehr unwahrscheinlich	Unwahrscheinlich	Unentschieden	Wahrscheinlich	Sehr wahrscheinlich
Umsatz	○	○	○	○	○
Gesamtkosten für Kunden	○	○	○	○	○
Stabilität (z. B. im Bezug auf Planungssicherherheit)	○	○	○	○	○

Was denken Sie sind die Gründe dafür, dass es schwieriger geworden ist aus zufriedenen Kunden loyale Kunden zu machen?
Inwieweit treffen folgende Gründe zu?

	Trifft überhaupt nicht zu	trifft eher nicht zu	Mittel	Trifft eher zu	Trifft zu
Produkte sind immer mehr vergleichbar, fehlender USP	○	○	○	○	○
Internet und die Möglichkeiten des Vergleichens	○	○	○	○	○
Kunden wollen sich nicht binden.	○	○	○	○	○
Sonstiges	○	○	○	○	○

Denken Sie, dass loyale Kunden der Verlockung widerstehen und nicht zur Konkurrenz wechseln, nur weil der Preis dort geringfügig billiger ist?

Sehr unwahrscheinlich	Unwahrscheinlich	Unentschieden	Wahrscheinlich	Sehr wahrscheinlich
○	○	○	○	○

Vervollständigen Sie bitte folgenden Satz:

Für mich ist Relationship Marketing.....

Ein Erfolgsfaktor ∨

Unterscheiden Sie in der Beratung zwischen Kundenzufriedenheit und Kundenloyalität?

☐ Ja ich unterscheide

☐ Nein, weil Kundenzufriedenheit und Kundenloyalität für mich dasselbe ist.

☐ Ja, ich unterscheide aber nur im B2B

☐ Nein, weil eine Unterscheidung in der Praxis zu komplex bzw. aufwändig wäre

☐ Ja, aber ich unterscheide nur im B2C

☐ Nein, weil eine Unterscheidung keinen Nutzen bringt

Beim Thema Kundenloyalität beraten Sie Ihre Kunden vorwiegend:

☐ nach den gleichen Grundsätzen/Kriterien - unabhängig vom Kunden

☐ abhängig von der Branche - hier gibt es unterschiedliche Empfehlungen

☐ abhängig von der Unternehmensgröße - hier gibt es unterschiedliche Empfehlungen

☐ andere Kriterien:

Von wem wird das Thema Kundenloyalität beim Ersttermin zuerst angesprochen? Von Ihnen als Berater, oder Ihrem Kunden

Vom Berater   **Vom Kunden**

0	25	50	75	100

Positionieren Sie bitte den Schieber:

Manchmal haben Unternehmen auch Kunden, die mehr Kosten verursachen, als Gewinn bringen. Inwieweit empfehlen Sie Ihren Kunden, auf solche "nicht rentable Kunden" zu verzichten?

Thema ist mir zu heikel   **Natürlich spreche ich das an**

0	25	50	75	100

Positionieren Sie bitte den Schieber:

Welche Maßnahmen zur Intensivierung der Kundenorientierung empfehlen Sie Ihren Kunden?
Bringen Sie diese bitte in eine Rangfolge *(Drag & Drop)*

Erhöhen der Mitarbarbeiterloyaliät	**1**
Implementieren eines Beschwerdemangements	**2**
Implementieren eines CRM-Tools (IT-Lösung)	**3**
Einführen von Kundenrückgewinnungsmaßnahmen	**4**
Ermitteln des Kundenwert	**5**
Einführen Strategien zur Kundenintegration (z. B. bei Produkterstellung)	**6**
Durchführen von Kunden-, bzw. Mitarbeiterbefragungen	**7**
Andenken von Kundenbeendigungsmaßnahmen - wo das notwendig ist.	**8**
Einführen eines Qualitätsmanagements	**9**
Sonstiges	**10**

Mit welchen <u>Einwänden</u> werden Sie bei Beratungsgesprächen zum Thema Kundenloyalität / Kundenzufriedenheit häufig <u>konfrontiert</u>?

☐ dieses Thema ist mir zu viel Aufwand

☐ ich kann hier keinen Nutzen erkennen

☐ ich weiß nicht mit welche Maßnahmen ich beginnen soll

☐ das kostet doch nur, und bringt nichts

☐ ich ersetze abwandernde Kunden einfach durch Neue

☐ Keine

☐ Eigene Angaben:

Wie viele Ihrer Kunden setzen eine CRM Software ein?

| | 0 | 20 | 40 | 60 | 80 | 100 |
| Angabe in Prozent | | | | | | |

Wie wichtig ist ein CRM Software aus Ihrer Sicht zur Verbesserung der Kundenloyalität?

Völlig unwichtig	Sehr unwichtig	Weder wichtig noch unwichtig	Sehr wichtig	Extrem wichtig
○	○	○	○	○

Wie wahrscheinlich ist es, dass Sie ein CRM-TOOL (IT-Tool) zur Erhöhung der Kundenloyalität empfehlen?

Sehr unwahrscheinlich	Unwahrscheinlich	Unentschieden	Wahrscheinlich	Sehr wahrscheinlich
○	○	○	○	○

Vollenden Sie bitte folgenden Satz:
Unternehmen messen die Kundenloyalität anhand........._(Mehrfachauswahl möglich)_

- ☐ einer Umsatzanalyse
- ☐ einer Kundendeckungsbeitragsanalyse
- ☐ einer Kundenbezogene Rentabilitätsrechnung (ROI)
- ☐ eines Customer Costing
- ☐ ...die meisten messen die Kundenloyalität nicht
- ☐ Sonstiges

Wieviele Ihrer Kunden messen den Kundenwert?

wenige	die Hälfte meiner Kunden	die meisten meiner Kunden
○	○	○

Wer misst Kundenzufriedenheit / Kundenloyalität eher?

Firmen im B2B   Firmen im B2C

0	25	50	75	100

Bitte positionieren Sie den Schieber

Kennen Unternehmen den Kundenwert ihrer Kunden?

	JA	Nein
Firmen im B2B	○	○
Firmen im B2C	○	○

Warum messen Unternehmen vorwiegend den Kundenwert? Bitte nennen Sie das Hauptmotiv: (Mehrfachantwort möglich)

- [ ] zwecks Umsatzplanung
- [ ] Steuerung der Kundenzufriedenheit bzw. Kundenloyalität
- [ ] Gestaltung des Kundenportfolios

Mit welchen Methoden messen Ihre Kunden vorwiegend den Kundenwert? (Mehrfachauswahl möglich)

- [ ] ABC Analyse
- [ ] CLV (Customer Lifetime Value)
- [ ] Net Present Value
- [ ] Loyalty Value
- [ ] Recommendation Value
- [ ] Kunden Deckungsbeitrag
- [ ] Kundenumsatz
- [ ] Kunden Potentialanalyse
- [ ] Kunden Investitionskennzahlen
- [ ] Recency Frequency Monetary Methode (RFM)
- [ ] Kundenwert wird sehr selten ermittelt

Fast geschafft, jetzt nur noch 8 sehr kurze Fragen zu Ihrer Person.

Ihr Alter in Jahren

Angabe zum Geschlecht

- ( ) Weiblich   ( ) Männlich

Wie viele Berater beschäftigt Ihr Unternehmen?

- ( ) 1-5 Berater
- ( ) 6-10 Berater
- ( ) 11-20 Berater
- ( ) 21-50 Berater
- ( ) Mehr als 50 Berater

Wie lange sind Sie schon als Berater tätig?

- ( ) 1-5 Jahre
- ( ) 6-10 Jahre
- ( ) 11-15 Jahre
- ( ) mehr als 15 Jahre

Welche Branchen beraten Sie vorwiegend?

- ☐ Bank u. Versicherung
- ☐ Handel
- ☐ Industrie
- ☐ Information und Consulting
- ☐ Tourismus und Freizeitwirtschaft
- ☐ Transport und Verkehr
- ☐ Sonstige

Wo sehen Sie den Schwerpunkt Ihrer Beratungstätigkeit?

- ☐ Eigene Angabe:

- ☐ Keine Angabe

Beraten Sie nur Unternehmen in Österreich?

○ JA   ○ Nein

Wo (geografisch) befinden sich Ihre österreichischen Kunden hauptsächlich ?

- ☐ Wien
- ☐ Niederösterreich
- ☐ Oberösterreich
- ☐ Burgenland
- ☐ Steiermark

- ☐ Kärnten
- ☐ Salzburg
- ☐ Tirol
- ☐ Vorarlberg